Langenscheidt

Fehlerfrei Spanisch

Fehler erkennen und für immer vermeiden

von
Margarita Görrissen

Langenscheidt

Langenscheidt
Fehlerfrei Spanisch
Fehler erkennen und für immer vermeiden

von Margarita Görrissen

Neuauflage der ISBN 978-3-12-563426-8

1. Auflage 2024

www.langenscheidt.com

Autorin: Margarita Görrissen
Projektleitung: Angela de Riese
Redaktion: Montserrat Varela
Illustrationen: Dean Laxer
Einbandgestaltung: PONS Langenscheidt GmbH, Anne Pixaras, Stuttgart
Umschlagillustration: Dean Laxer
Satz: tebitron gmbh, Gerlingen
Druck und Bindung: Publikum d.o.o.

ISBN 978-3-12-563596-8

VORWORT

Richtig oder falsch?

Jetzt können Sie schon so gut Spanisch und stolpern doch immer wieder über dieselben Hindernisse? Machen Sie Schluss damit! **Langenscheidt Fehlerfrei Spanisch** hilft Ihnen dabei, typische Fehler effektiv zu verlernen. Die Fehler in diesem Buch sind thematisch geordnet – im ersten großen Kapitel nach inhaltlichen Aspekten, im zweiten nach grammatischen. So können Sie gezielt einzelne Themen angehen oder auch einfach durchschmökern. Sicher werden Ihnen viele der Stolpersteine bekannt vorkommen und Sie können sie dank einleuchtender Erklärungen und vieler Beispielsätze aus dem Weg räumen.

Viel Spaß und Erfolg! *Ihre Langenscheidt-Redaktion*

hola
Hallo

~~* **holá**~~

Die meisten spanischen Wörter enden auf Vokal, **-n** oder **-s** und werden auf der vorletzten Silbe betont, wenn sie keinen Akzent tragen. Das **a** bei **hola** ist also nicht betont.

Hola, ¿qué tal?
Hallo, wie geht's?
~~**Holá, ¿qué tal?**~~

In der ersten Spalte finden Sie immer den korrekten Ausdruck und die Übersetzung.

- Alles, was durchgestrichen ist, ist falsch. In der rechten Spalte finden Sie zunächst den häufig vorkommenden Fehler. Wenn er zusätzlich mit einem Sternchen * versehen ist, bedeutet das, dass es dieses Wort gar nicht gibt.
- Bei jedem Fehler wird erklärt, was schieflaufen kann und wie es richtig heißt. Zusätzlich sehen Sie in einem übersetzten Beispielsatz die richtige Anwendung.

Es bueno saberlo – **Es bueno saberlo** bedeutet *Gut zu wissen*. Hier finden Sie Wissenswertes zu Land, Leuten und Kultur.

Pequeño detalle – Bei **Pequeño detalle** handelt es sich um ein *kleines Detail* – also um interessante sprachliche Zusatzinfos.

¡Ojo! – **¡Ojo!** heißt *Achtung*! Hier gilt es besonders aufzupassen.

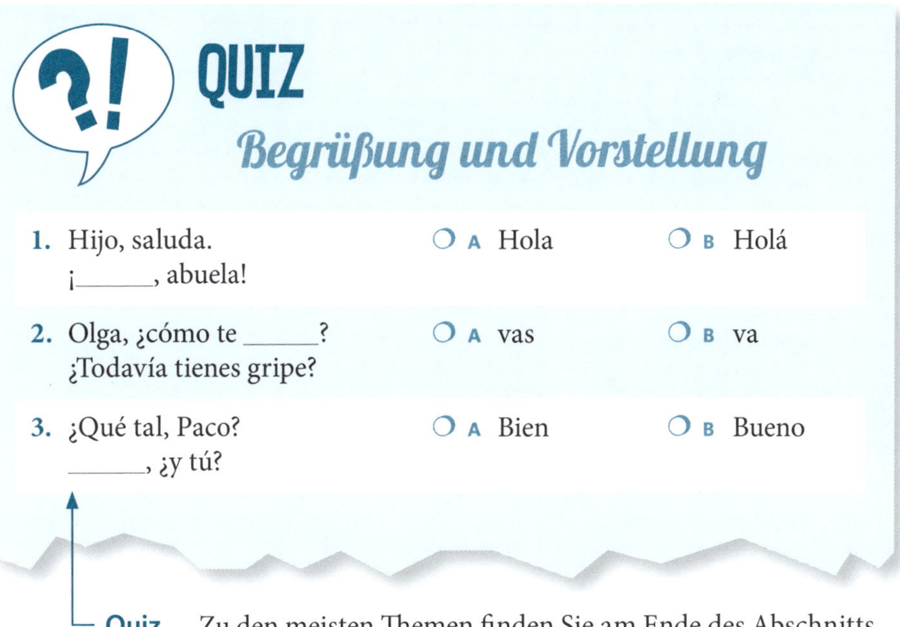

QUIZ

Begrüßung und Vorstellung

1. Hijo, saluda. ¡______, abuela! ❍ A Hola ❍ B Holá
2. Olga, ¿cómo te ______? ¿Todavía tienes gripe? ❍ A vas ❍ B va
3. ¿Qué tal, Paco? ______, ¿y tú? ❍ A Bien ❍ B Bueno

Quiz – Zu den meisten Themen finden Sie am Ende des Abschnitts ein Quiz. Hier können Sie gleich anwenden, was Sie gelernt haben. Ob alles stimmt, verraten Ihnen die Lösungen am unteren Seitenende.

Blitzquiz – Im Blitzquiz testen Sie ganz schnell und zwischendurch, was Sie schon können. Die Lösung finden Sie immer direkt auf der nächsten Seite unten – einfach umblättern.

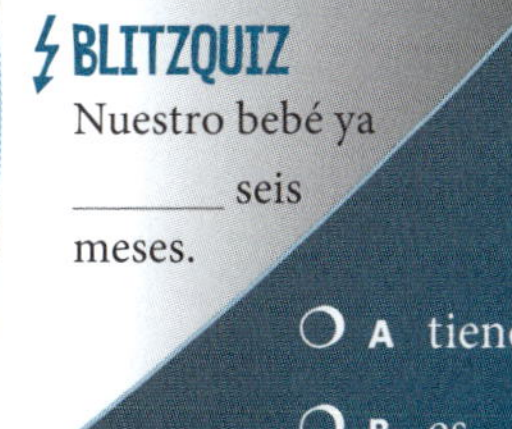

BLITZQUIZ

Nuestro bebé ya ______ seis meses.

❍ A tiene

❍ B es

INHALTSVERZEICHNIS

Fehler nach Themen

Fehler nach Grammatikthemen

FEHLER NACH THEMEN

1. Begrüßung und Vorstellung

hola
Hallo

~~* holá~~

Die meisten spanischen Wörter enden auf Vokal, **-n** oder **-s** und werden auf der vorletzten Silbe betont, wenn sie keinen Akzent tragen. Das **a** bei **hola** ist also nicht betont.

Hola, ¿qué tal?
Hallo, wie geht's?
~~Holá, ¿qué tal?~~

buenos días
guten Tag

~~* buenas días~~

Das Wort **día** *(Tag)* ist vom Geschlecht her trügerisch, da es zwar auf **-a** endet, aber männlich ist. Daher muss das Adjektiv auch männlich sein! Übrigens, die Floskeln **buenos días** *(Guten Tag)*, **buenas tardes** *(wörtlich: Guten Nachmittag)* und **buenas noches** *(Guten Abend)* kann man auch zur Verabschiedung verwenden. Wie praktisch!

Buenos días, ¿cómo está?
Guten Tag, wie geht es Ihnen?
~~Buenas días, ¿cómo está?~~

(estoy) bien
(mir geht es) gut

~~(estoy) bueno/-a~~

Als Antwort auf die Frage nach dem Befinden bei der Begrüßung verwendet man das Adverb **bien** *(gut)*. **Estoy bueno** bedeutet, dass man von einer Krankheit genesen ist. In der Umgangssprache bedeutet es auch, dass man knackig und sexy ist!

- **Hola, ¿qué tal?**
- *Hallo, wie geht es dir?*
- ~~Hola, ¿qué tal?~~

- **Bien, ¿y tú?**
- *Gut, und dir?*
- ~~Bueno, ¿y tú?~~

¿Cómo te va? ~~¿Cómo te vas?~~

Wie geht es dir?

Monika: Hola, ¿cómo te vas?

Ramón: En coche, pero acabo de llegar, todavía no me voy.

Monika: No, yo te pregunto cómo estás.

Ramón: Ah, ¡quieres saber cómo me va! Bien, bien, gracias, ¿y a ti?

Was ist passiert? Monika hat gefragt, wie Ramón wegfährt. Will man fragen, wie es dem anderen geht, steht das Verb **ir**, wie im Deutschen, in der dritten Person.

- **Hola, ¿cómo te va?**
- *Hallo, wie geht es dir?*

- **Bien, gracias. ¿Y a ti?**
- *Gut, danke. Und dir?*

- **¿Cómo te vas?**
- *Wie fährst du weg?*

- **En coche. ¿Te llevo?**
- *Mit dem Auto. Soll ich dich mitnehmen?*

Es bueno saberlo

Auf die Frage nach dem Befinden ist in spanischsprachigen Kulturen eine positive Antwort „neutral", also **Bien, gracias.** *(Gut, danke).* Nur wenn man sich näher kennt, wird man weniger positive Antworten formulieren, zum Beispiel **Pues regular** *(Nun, mäßig)*, dann aber gefolgt von einer Erklärung.

presentar
vorstellen

~~**introducir**~~

Introducir heißt *einführen*. Bei diesem falschen Freund aus dem Englischen kann ein peinliches Missverständnis entstehen!

Le quiero presentar a mi jefe.
Ich möchte Ihnen meinen Vorgesetzten vorstellen.
~~Le quiero **introducir** a mi jefe.~~

Este es Pedro.
Das ist Pedro.

~~**Esto es Pedro.**~~

Die männlichen Demonstrativpronomen sind **este** und **ese**. **Esto** und **eso** sind Neutrum und beziehen sich auf etwas Undefiniertes oder auf etwas, was man gesagt hat.

- **Este es mi nuevo jefe.**
- *Das ist mein neuer Chef.*

▪ **¡Mucho gusto!**
▪ *Sehr erfreut!*

¿Qué es esto, una sorpresa? Esto no me lo ha dicho nadie.
Was ist das, eine Überraschung? Das hat mir niemand gesagt.

Este es el señor Roa.
Das ist Herr Roa.

~~**Este es señor Roa.**~~

Vor Anreden steht der bestimmte Artikel, es sei denn, wir möchten die Aufmerksamkeit der Person und sprechen sie direkt an.

- **Señor Pujol, esta es la señora Huerta.**
- *Herr Pujol, das ist Frau Huerta.*
- ~~Señor Pujol, esta es **señora** Huerta.~~

QUIZ
Begrüßung und Vorstellung

1. Hijo, saluda. ¡_____, abuela!	❍ A Hola	❍ B Holá
2. Olga, ¿cómo te _____? ¿Todavía tienes gripe?	❍ A vas	❍ B va
3. ¿Qué tal, Paco? _____, ¿y tú?	❍ A Bien	❍ B Bueno
4. ¿Cuándo me vas a _____ a tu nuevo novio?	❍ A introducir	❍ B presentar
5. Soy _____ Ortega.	❍ A doctora	❍ B la doctora
6. Mira, Merche, _____ es mi compañero de piso.	❍ A este	❍ B esto
7. ¡_____ días! ¿Cómo estás?	❍ A Buenos	❍ B Buenas

Lösungen
1. A, 2. B, 3. A, 4. B, 5. B, 6. A, 7. A

FEHLER NACH THEMEN

2. Persönliche Angaben und Beziehungen

alemán/ alemana
Deutscher/ Deutsche

~~* Alemano/Alemana~~

Die männliche Nationalitätsbezeichnung weicht etwas von der weiblichen Form ab. Außerdem werden Nationalitäten, wie auch die Namen der Sprachen, klein geschrieben.

Soy alemán, de Berlín.
Ich bin Deutscher, aus Berlin.
~~Soy Alemano, de Berlín.~~

nacer
geboren werden

~~ser nacido/-a~~

Nacer ist im Spanischen ein aktives Verb, das heißt, man kommt quasi selber auf die Welt.

¿Dónde naciste?
Wo bist du geboren?
~~¿Dónde fuiste nacido?~~

tener ... años
... Jahre alt sein

~~ser ... años~~

Das Alter wird mit dem Verb **tener** *(haben)* angegeben.

Me llamo Janina y tengo 35 años.
Ich heiße Janina und bin 35 Jahre alt.
~~Me llamo Janina y soy 35 años.~~

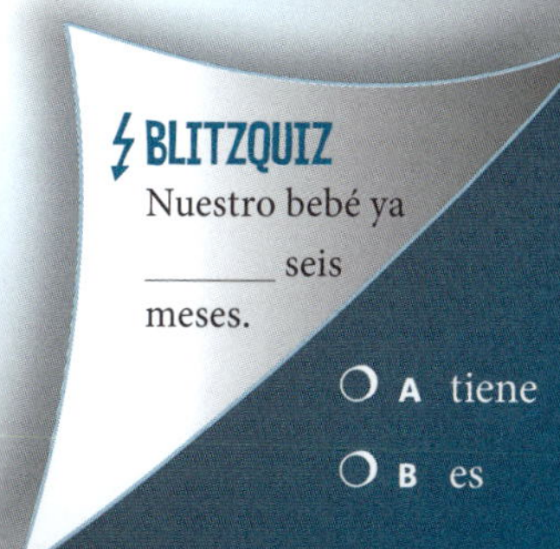

el año
das Jahr

~~**el ano**~~

Christa: ¿Sabías que el hijo de Fer ya tiene un ano?
Mario: ¡Hombre! ¿Pues que no tenía?

Bei der Altersangabe passen Sie auf, dass **años** *(Jahre)* mit **ñ** geschrieben und auch so ausgesprochen wird, sonst sprechen Sie über den After – und davon haben wir alle bekanntlich (nur) einen.

¿Cuántos años tienes?
Wie alt bist du?
~~¿Cuántos **anos** tienes?~~

mayor
älter

~~**mejor**~~

Achtung, Verwechslungsgefahr! **Mejor** bedeutet *besser.*

Mi hermano mayor se llama Uli.
Mein älterer Bruder heißt Uli.
~~Mi hermano **mejor** se llama Uli.~~

la pareja
der Partner, die Partnerin
el novio/la novia
der feste Freund/ die feste Freundin

~~**el amigo/la amiga**~~

Amigo/-a ist ein Freund oder eine Freundin, nicht der/die Lebenspartner/in. Bei einer festen Beziehung verwendet man **novio/novia** oder **pareja** – dieses Wort ist feminin, auch wenn man sich auf einen Mann bezieht.

Vivo con mi novio/pareja.
Ich wohne mit/bei meinem Freund.
~~Vivo con mi **amigo.**~~

Es bueno saberlo

Spanischsprachige Kulturen sind personenbezogen; Beziehungen und Familie sind sehr beliebte Small-Talk-Themen, über die man sich unverfänglich unterhält. Dabei gibt man gerne mehr Einzelheiten preis, als es bei uns üblich ist.

Lösung Blitzquiz
A

estar soltero/-a
ledig sein
estar/venir sin pareja/compañía
Single sein

~~* ser solo/-a~~

Theresa: Soy sola.
Rafael: ¿Estás sola en la vida? ¡Pobrecita!
Theresa: No, quiero decir que no estoy casada.
Rafael: Ah, estás soltera. ¿Y a qué te dedicas?

Man verwendet **estar** *(sein)* bei Zuständen oder zur Angabe des Familienstandes. Achtung bei **solo/-a**: Dieses Adjektiv bedeutet *allein/e* bzw. *einsam*. Möchte man ausdrücken, dass man ohne Partner bzw. ohne Begleitung ist, dann verwendet man **estar/venir sin pareja/compañía**.

¿Está usted soltero o casado?
Sind Sie ledig oder verheiratet?

estar casado
verheiratet sein

~~estar cansado~~

Cansado bedeutet *müde*. Möchte man den Familienstand angeben, kann diese Verwechslung für Lacher sorgen.

Laura y Daniel están casados desde hace un año.
Laura und Daniel sind seit einem Jahr verheiratet.
~~Laura y Daniel **están cansados** desde hace un año.~~

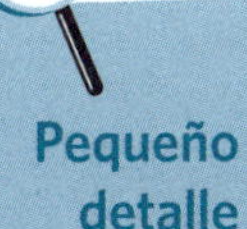

Pequeño detalle

Bei offiziellen Angaben oder beim Ausfüllen von Formularen kann man den Familienstand **soltero/casado/viudo/divorciado** *(ledig/verheiratet/verwitwet/geschieden)* auch mit **ser** angeben. Bei **separado** *(getrennt)* und wenn man angibt, mit wem man verheiratet ist, kann man nur **estar** verwenden.

Sí, soy casado. Estoy casado con una peruana.
Ja, ich bin verheiratet. Ich bin mit einer Peruanerin verheiratet.

Yo estoy separada de mi marido.
Ich bin von meinem Mann getrennt.

el marido/ esposo
der Ehemann

~~el hombre~~

Zugegeben, es ist unfair: Für *Frau* und *Ehefrau* gibt es im Spanischen nur ein Wort (**mujer**), aber für Mann sind die Vokabeln differenzierter: **Hombre** bedeutet nicht *Mann* als Ehemann, sondern deutet auf die männliche Biologie.

Mi amiga nos va a presentar a su marido.
Unsere Freundin wird uns ihren Mann vorstellen.
~~Mi amiga nos va a presentar a su **hombre**.~~

los hijos
Kinder

~~los niños~~

Gabi: Mis niños me han invitado a comer.
Rocío: ¿Tus niños? ¿Cuántos años tienen, pues?
Gabi: Mi hija mayor tiene 27 años y el menor 23.
Rocío: ¡Entonces ya no son niños, Gabi!

Woher kam die Verwirrung? **Niños** sind lediglich kleine Kinder, im Gegensatz zu Erwachsenen. Bezieht man sich auf Kinder als Nachwuchs, egal welchen Alters, verwendet man **hijos**. Der Begriff steht immer im Gegensatz zu **padres** *(Eltern)*.

Mis hijos me han invitado a comer.
Meine Kinder haben mich zum Essen eingeladen.
~~Mis **niños** me han invitado a comer.~~

los niños
Kinder

~~los hijos~~

Niños steht im Gegensatz zu **adultos** *(Erwachsene)*. **Hijos** dagegen kann man ohne Familienbezug nicht verwenden. Achten Sie auf das Beispiel!

Hay niños jugando en la calle.
Da sind spielende Kinder auf der Straße.
~~Hay **hijos** jugando en la calle.~~

los padres
Eltern

~~los parientes~~

Hier ist ein falscher Freund vom Englischen am Werk *(parents)*! Im Spanischen heißen die Eltern **los padres**, wobei der Maskulin Plural beide Geschlechter umfasst, also in diesem Fall **el padre** *(Vater)* und **la madre** *(Mutter)*. **Parientes** sind alle Verwandte.

De pequeño vivía con mis padres.
Als Kind wohnte ich bei meinen Eltern.
~~De pequeño vivía con mis **parientes**.~~

cuidar a los niños
sich um die Kinder kümmern, auf die Kinder aufpassen

~~cuidarse de los niños~~

Das ist ein lustiger Fehler. **Cuidarse de algo/alguien** bedeutet *sich vor etwas/jemanden in Acht nehmen.* Kleine Kinder sind aber wohl nicht so gefährlich, oder?

¿Puedes cuidar a los niños el domingo?
Kannst du am Sonntag auf die Kinder aufpassen?
~~¿Puedes **cuidarte de los niños** el domingo?~~

tener un bebé
ein Baby bekommen

~~recibir un bebé~~

Recibir heißt *bekommen, empfangen* und ist bei **paquetes** *(Pakete)* oder **regalos** *(Geschenken)* angebracht. Bei Nachwuchs verwendet man **tener** *(haben).*

¡Qué emoción!
Vamos a tener un bebé.
Wie aufregend!
Wir bekommen bald ein Baby.
~~¡Qué emoción!~~
~~Vamos a **recibir un bebé**.~~

BLITZQUIZ
David y Sandra tienen dos hijos, pero no están ______.

- A cansados
- B casados

Pequeño detalle

Entbinden hat verschiedene Entsprechungen auf Spanisch. Der medizinische Fachausdruck ist **parir** *(gebären)* und deutet auf den biologischen Prozess. Häufiger in der Umgangssprache sind **tener un hijo** *(ein Kind bekommen)* oder **dar a luz (a un hijo)** *(ein Kind zur Welt bringen).*

- **¿Ya sabes dónde quieres dar a luz?**
- **Sí, quiero tener a mi hijo en el hospital central.**
- *Weißt du schon, wo du entbinden möchtest?*
- *Ja, ich möchte mein Baby im Kreiskrankenhaus entbinden.*

QUIZ

Persönliche Angaben und Beziehungen

	A	B
1. Mis padres no ______ en esta región.	❍ A nacieron	❍ B fueron nacidos
2. Perdone, ¿hay un menú especial para ______ ?	❍ A hijos	❍ B niños
3. Si vamos al cine, ¿quién podría ______ bebé?	❍ A cuidar al	❍ B cuidarse del
4. Perdón, no me acuerdo del nombre de tu ______.	❍ A hombre	❍ B marido
5. ¿Cuántos ______ tienen tus primos?	❍ A anos	❍ B años

Lösungen

1. A, 2. B, 3. A, 4. B, 5. B

Lösung Blitzquiz

B

FEHLER NACH THEMEN

3. Schule, Ausbildung und Beruf

el/la estudiante
Schüler/in

~~el alumno~~

Unabhängig vom Level ist im Spanischen jede bzw. jeder Lernende ein **estudiante**. Das Wort **alumno/alumna** bedeutet zwar *Schüler/in,* aber immer nur im Bezug zu Lehrkräften, Fächern, Kursen oder zu der Bildungseinrichtung. Auch Studenten sind also **alumnos de la universidad**. Möchte man sich konkret auf die jüngeren Schülerinnen und Schüler beziehen, kann man **escolar** verwenden.

Los estudiantes pagan menos en el teatro.
Schüler zahlen weniger im Theater.
~~Los **alumnos** pagan menos en el teatro.~~

el instituto (secundario)/ la escuela secundaria
Gymnasium

~~el gimnasio~~

Alex: Todos los días voy al gimnasio en autobús.
Luisa: ¿Todos los días? ¡Qué deportista!
Alex: No, ¡yo no soy nada deportista! Al instituto, digo.

Hier ist ein falscher Eindruck entstanden, weil **gimnasio** eine Sporthalle oder ein Fitnessstudio bezeichnet.

Nuestra hija va al instituto/a la escuela secundaria.
Unsere Tochter geht auf das Gymnasium.
~~Nuestra hija va al **gimnasio**.~~

Es bueno saberlo

In den meisten Schulsystemen der spanischsprachigen Länder dauert die Grundschule sechs Jahre. Danach folgt die **educación secundaria** *(Sekundarstufe)*, die etwa sechs Jahre dauert und in zwei **ciclos** *(Stufen)* geteilt ist. Von daher gibt es keine exakte Entsprechung zum Wort *Gymnasium.*

ir/asistir a la escuela/ al colegio
die Schule besuchen

~~**visitar**~~

Patrick: En mi país todos los niños visitan la escuela.
Adriana: ¿Solo la visitan? ¿No tienen que ir?

Warum reagiert Adriana so? *Besuchen* wird im Wörterbuch als erstes mit **visitar** übersetzt, aber das spanische Wort bedeutet eher *einen Besuch abstatten* oder *besichtigen*. Für den Schulbesuch wird im Normalgebrauch **ir a** verwendet, etwas formeller ist **asistir a** *(teilnehmen an)*.

Teo está emocionado porque pronto irá al colegio.
Teo ist aufgeregt, weil er bald die Schule besuchen wird.

Cuando voy a mi pueblo, me gusta visitar mi antigua escuela.
Wenn ich in mein Dorf fahre, besuche ich gern meine ehemalige Schule.

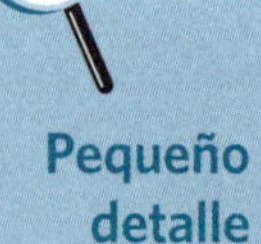

Pequeño detalle

Visitar kann man für die Familie oder ein Museum verwenden:

Mis abuelos se quejan de que los visitamos demasiado poco.
Meine Großeltern beklagen sich, weil wir sie zu selten besuchen.

En Bogotá queremos visitar el Museo del Oro.
In Bogotá möchten wir das Goldmuseum besuchen.

estudiar
lernen (Prozess)

~~**aprender**~~

Im Spanischen wird zwischen dem Lernprozess mit **estudiar** und dem Ergebnis, etwas gelernt zu haben (**aprender**), differenziert.

Esta semana tengo que estudiar para el examen.
Diese Woche muss ich für die Prüfung lernen.
~~Esta semana tengo que **aprender** para el examen.~~

la nota/ calificación
die Zensur, die Note

~~**censura**~~

Im Deutschen ist das Wort *Zensur* im schulischen Bereich eine Bewertung oder eine Note; in einem anderen Kontext bedeutet es *Kritik* bzw. *unterbindende Kontrolle*. **Censura** im Spanischen hat nur diese zweite Bedeutung.

La calificación final es muy importante.
Die Endzensur ist sehr wichtig.
~~La **censura** final es muy importante.~~

obtener/sacar buenas/malas notas
gute/schlechte Zensuren/Noten bekommen

~~**recibir buenas/malas notas**~~

Beim *Zensuren oder Noten bekommen* verwendet man nicht das Verb **recibir**, sondern **obtener** oder **sacar**.

Para pasar de año tienes que sacar buenas notas.
Um versetzt zu werden, musst du gute Noten bekommen.
~~Para pasar de año tienes que **recibir** buenas notas.~~

la licenciatura
der Bachelor-abschluss

~~**el bachillerato**~~

Hier ist ein Unterschied in den akademischen Titel am Werk. **Bachillerato** bezeichnet in Spanien einen Schulabschluss wie das Abitur, wobei jedoch vor der Aufnahme auf einer Uni eine weitere Prüfung bevorsteht, die **selectividad**.

Tengo una licenciatura en economía.
Ich habe einen Bachelorabschluss in Wirtschaftswissenschaften.
~~Tengo **un bachillerato** en economía.~~

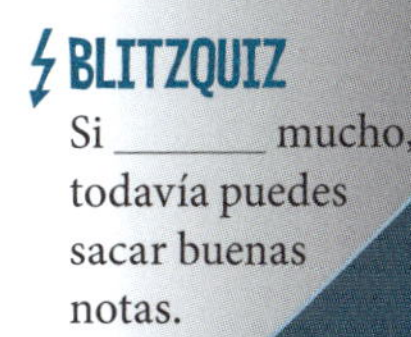

BLITZQUIZ

Si _______ mucho, todavía puedes sacar buenas notas.

- **A** estudias
- **B** aprendes

la carrera
das Studium, die Karriere, die Laufbahn

~~el estudio~~

Max: Quiero hacer una carrera en la universidad.
Ronja: Oh, ¿quieres volverte famoso?
Max: No, no: una carrera normalita, nada más.

Jedes Hochschulstudium ist eine **carrera**, auch wenn dieses Wort im geeigneten Satzzusammenhang auch *Karriere, Laufbahn* oder auch *Rennen* bedeuten kann.

Me interesa la carrera de psicología.
Mich interessiert das Studium der Psychologie.

Con ese talento, harás carrera como pianista.
Bei dem Talent wirst du als Pianistin Karriere machen.

¿Os gustan las carreras de coches?
Mögt ihr Autorennen?

los estudios
das Studium

~~el estudio~~

Um einen akademischen Titel zu erlangen, muss man **estudios** – im Plural – durchführen. Im Singular bedeutet das Wort generell *Lernen* oder aber *Studie* oder *Untersuchung.* In anderen Kontexten kann es ein Atelier oder eine kleine Wohnung bezeichnen.

No he cursado estudios universitarios.
Ich habe kein Studium gemacht.
~~No he cursado **un estudio** universitario.~~

Pequeño detalle

Auch ein Praktikum wird im Spanischen meistens mit einem Plural wiedergegeben: **las prácticas. Práctica** im Singular bedeutet *Ausübung, Erfahrung* oder *Praxis.*

Muchos estudiantes hacen prácticas en el extranjero.
Viele Studenten machen ein Praktikum im Ausland.

Lösung Blitzquiz
A

el test
der Test

~~*el testo~~

Das Wort **test** ist vom Englischen übernommen worden, ohne es zu „spanisieren". Auch der Plural wird wie im Englischen gebildet, also **los tests**.

No hay examen final, haremos varios tests.
Es gibt keine Endklausur, wir werden mehrere Tests machen.
~~No hay examen final, haremos varios **testos**.~~

el grupo
die Gruppe

~~la grupa~~

Achtung! Das Geschlecht des deutschen Wortes ist hier anders als im Spanischen. **Grupa** heißt *Kruppe* (Hinterteil eines Pferdes). Das kann also peinlich werden.

Alicia es la mejor del grupo.
Alicia ist die beste der Gruppe.
~~Alicia es la mejor de **la grupa**.~~

el mapa
die Landkarte

~~*la mapa~~

Mapa ist eine Ausnahme: Auch wenn das Wort auf **-a** endet, ist es männlich.

Aquí podéis ver el mapa de Centroamérica.
Hier könnt ihr die Landkarte Mittelamerikas sehen.
~~Aquí podéis ver **la mapa** de Centroamérica.~~

la carpeta
die Mappe

~~*la mapa~~

Ähnlichkeiten täuschen manchmal! Ein Ordner oder eine Mappe ist eine **carpeta**.

¿Dónde he puesto mi carpeta?
Wo habe ich meine Mappe hingelegt?
~~¿Dónde he puesto mi **mapa**?~~

trabajar para una empresa
für eine Firma/ein Unternehmen arbeiten

~~**trabajar por una empresa**~~

Wenn man den Arbeitgeber angibt, nennt man den Empfänger unserer Bemühungen mit der Präposition **para**.

Trabajo para una empresa familiar.
Ich arbeite für ein Familienunternehmen.
~~Trabajo **por** una empresa familiar.~~

la empresa
die Firma, das Unternehmen

~~**la firma**~~

Man verwendet für ein Unternehmen nur selten das Wort **firma**, das normalerweise als *Unterschrift* verstanden wird. So vermeidet man Missverständnisse.

Nuestra empresa es bastante conocida en España.
Unsere Firma ist in Spanien ziemlich bekannt.
~~Nuestra **firma** es bastante conocida en España.~~

la agencia
die Agentur

~~***la agentura**~~

Achtung, das Wort ist anders als im Deutschen!

El trabajo en una agencia de publicidad es muy creativo.
Die Arbeit in einer Werbeagentur ist sehr kreativ.
~~El trabajo en una **agentura** de publicidad es muy creativo.~~

solicitar un puesto/un trabajo
sich für eine Stelle/einen Job bewerben

~~**aplicar a/por un puesto/un trabajo**~~

Hier denken viele an das englische Wort *apply.* **Aplicar** bedeutet *anwenden, auftragen* oder *anlegen.*

Quisiera solicitar el puesto.
Ich würde mich gern für diese Stelle bewerben.
~~Quisiera **aplicar a/por** el puesto.~~

la competencia
die Konkurrenz, die Fähigkeit

~~**la concurrencia**~~

Jessica: No le tengo miedo a la concurrencia.
Gonzalo: Por qué, ¿dónde va a haber mucha gente?

Competencia bezeichnet eine Kompetenz oder Fähigkeit, aber bedeutet auch *Wettbewerb*. **Concurrencia** dagegen bezieht sich auf das Publikum, eine Menschenmenge oder einen Andrang.

Un director de orquesta tiene competencias excepcionales.
Ein Orchesterdirigent verfügt über einzigartige Kompetenzen.

En el campo de la informática hay mucha competencia.
Im Feld der Informatik gibt es viel Konkurrenz.

Para este evento se espera una enorme concurrencia.
Für dieses Event erwartet man einen enormen Andrang.

vender
verkaufen

~~**vendar**~~

Aufgepasst, **vendar** bedeutet *verbinden, bandagieren*!

Nosotros vendemos edificios para oficinas.
Wir verkaufen Bürogebäude.
~~Nosotros vendamos edificios para oficinas.~~

BLITZQUIZ
Miriam quiere ________ un trabajo en una agencia de viajes.

- A aplicar a
- B solicitar

el/la colega
der Kollege/ die Kollegin

~~*el colego, *el collega~~

Colega bezeichnet sowohl einen Mann als auch eine Frau. Im Falle von einem gemischten Team bezieht man sich auf sie alle mit maskulin Plural: **los colegas**. Achtung! Das Wort wird mit nur mit einem **l** geschrieben (sonst würde es wie das **ll** in **Sevilla** klingen).

Comparto la oficina con dos colegas, Ana y Joel.
Ich teile das Büro mit zwei Kollegen, Ana und Joel.
~~Comparto la oficina con dos **colegos**, Ana y Joel.~~

el jefe/la jefa
der/die Vorgesetzte

~~*el chefe, la chefa~~

Das spanische **j** klingt wie das deutsche **ch** in *Sache*, nicht wie das im Wort *Chef*. Die Bezeichnung für einen Kochkünstler ist auf Spanisch **el/la chef**.

Me llevo bien con mi jefa.
Ich verstehe mich gut mit meiner Vorgsetzten.
~~Me llevo bien con mi **chefa**.~~

el cocinero
der Koch

~~el cochinero~~

Wenn Sie das Wort wie im Italienischen aussprechen, sagen Sie *Saustall* statt Koch! Sprechen Sie das **c** vor **e** oder **i** wie das englische **th** [θ] oder wie ein scharfes **s** aus.

En este restaurante hay un cocinero famoso.
In diesem Restaurant gibt es einen berühmten Koch.
~~En este restaurante hay un **cochinero** famoso.~~

el dentista
der Zahnarzt

~~*el dentisto~~

Alle Wörter auf -**ista** haben für Maskulin und Feminin die gleiche Endung.

Manuel es dentista.
Manuel ist Zahnarzt.
~~Manuel es **dentisto**.~~

Lösung Blitzquiz
B

¡Ojo!

Bei der Angabe des Berufes wird, wie im Deutschen, der unbestimmte Artikel nie verwendet!

Julia es abogada.
Julia ist Rechtsanwältin.
~~Julia es una abogada.~~

el ama de casa
die Hausfrau

~~*la ama de casa~~

Vor weiblichen Wörtern, die mit einem betonten **a**- oder **ha**- anfangen, steht der maskuline Artikel **el** bzw. **un**. Heutzutage gibt es natürlich auch männliche **amos de casa**, oder man teilt sich die Hausarbeit auf.

Un ama de casa tiene miles de tareas.
Eine Hausfrau hat Tausende von Aufgaben.
~~Una ama de casa tiene miles de tareas.~~

la cita
der Termin

~~el término~~

Simon: ¿Cuándo es el término?
Fátima: Pues no sé, falta muchísimo por hacer.

Hier wird Simon ganz verdutzt sein, denn er wollte nicht fragen, wann etwas beendet wird, sondern wann Fátima den Termin hat.

Tengo una cita importante mañana por la mañana.
Ich habe einen wichtigen Termin morgen Vormittag.

Fijamos el término del proyecto para septiembre.
Wir legten das Ende des Projektes auf September fest.

BLITZQUIZ

- ¿Qué hace tu padre?
- Es _______.

❍ **A** dentista

❍ **B** dentisto

QUIZ

Schule, Ausbildung und Beruf

		A	B
1.	Tengo que tomar el tranvía para ______ la escuela.	❍ A visitar	❍ B ir a
2.	______ ama de casa tradicional ya casi no existe.	❍ A La	❍ B El
3.	Hoy tengo ______ con un cliente importante.	❍ A una cita	❍ B un término
4.	Es importante desarrollar nuevos productos porque la ______ no duerme.	❍ A compe-tencia	❍ B concu-rrencia
5.	El hijo de mi vecina trabaja ______ una empresa china.	❍ A por	❍ B para
6.	Nos gusta mucho ______ en la biblioteca de la uni.	❍ A estudiar	❍ B aprender
7.	Después de terminar la primaria, queremos que Claudia vaya al ______.	❍ A instituto	❍ B gimnasio
8.	¿Qué ______ quieres estudiar?	❍ A estudio	❍ B carrera
9.	Algunos estudiantes se ponen muy nerviosos en los ______ orales.	❍ A testos	❍ B tests
10.	En las universidades europeas, después de ______ se puede seguir estudiando para obtener una maestría.	❍ A la licen-ciatura	❍ B el bachi-llerato

Lösungen
1. B, 2. B, 3. A, 4. A, 5. B, 6. A, 7. A,
8. B, 9. B, 10. A

Lösung Blitzquiz
A

FEHLER NACH THEMEN

4. Freizeit und Entspannung

tiempo libre
Freizeit

~~* tiempo libro~~

Achtung, **libro** heißt Buch!

Lamentablemente, no tengo mucho tiempo libre.
Ich habe leider nicht viel Freizeit.
~~Lamentablemente, no tengo mucho **tiempo libro**.~~

pasarlo bien
eine gute Zeit/ Spaß haben

~~* tener un buen tiempo~~

In dieser Wendung bezieht sich das Pronomen **lo** auf **el tiempo (libre)**, die Zeit, die man gut verbringt.

¿Ya te vas? ¡Pásalo bien!
Gehst du schon? Gute Zeit!
~~¿Ya te vas? ¡Ten **un buen tiempo**!~~

Pequeño detalle

Bei der Wendung **pasarlo bien** kann man auch andere adverbiale Ausdrücke verwenden, zum Beispiel **de maravilla** *(wunderbar)*. In Lateinamerika hört man oft das weibliche Pronomen **la**, das sich auf **la ocasión** *(den Anlass)* bezieht.

La pasé de maravilla en Perú.
Ich hatte eine wunderbare Zeit in Perú.

ir de fiesta/ salir
feiern

~~celebrar~~

Celebrar *(feiern)* braucht im Spanischen ein Objekt, zum Beispiel **una fiesta** *(ein Fest)*, **una boda** *(eine Hochzeit)* usw.

Salgo con mis amigos los fines de semana.
Ich feiere am Wochenende mit meinen Freunden.
~~**Celebro** con mis amigos los fines de semana.~~

quedar
sich verabreden, sich treffen

~~quedarse~~

Sophie: Hoy por la noche quiero quedarme contigo.
Álvaro: ¿Te preparo la cama?

Sophie möchte einfach etwas mit Álvaro unternehmen, aber sie sagte, sie möchte heute Nacht bei ihm *bleiben*, was er als *übernachten* interpretiert. Was für ein Missverständnis!

¿Quedamos el sábado para ir al cine?
Treffen wir uns am Samstag, um ins Kino zu gehen?

En Sevilla me quedé solo dos días.
In Sevilla blieb ich nur zwei Tage.

las vacaciones
Ferien, Urlaub

~~las ferias~~

Ferias sind Märkte, Volksfeste oder Messen, wie zum Beispiel **la feria del automóvil** *(Automobilmesse)*.

¿Qué vais a hacer durante las vacaciones?
Was wollt ihr in den Ferien tun?
~~¿Qué vais a hacer durante **las ferias**?~~

Pequeño detalle

Wie drücken Sie aus, dass Sie in den Urlaub fahren oder schon im Urlaub sind? In bestimmten festen Kombinationen stehen **ir** und **estar** mit der Präposition **de: ir/estar de vacaciones** *(in Urlaub fahren/im Urlaub sein)*, **ir/estar de viaje** *(verreisen/auf Reisen sein)*, **ir/estar de compras** *(einkaufen, beim Einkaufen sein)*.

lujoso
Luxus-

~~lujurioso~~

Achtung, bei diesem Fehler kann es einen Lacher geben! **Lujurioso** bedeutet *lüstern*.

En mis vacaciones me gustan los hoteles lujosos.
Im Urlaub mag ich Luxushotels.
~~En mis vacaciones me gustan los hoteles **lujuriosos**.~~

descansar/ relajarse
(sich) entspannen, ausruhen

~~**relajar**~~

Andreas: Tengo que relajar.
Paco: ¿Relajar qué?

Relajar *(entspannen)* braucht ein Objekt, siehe Beispiel.

Relájate/Descansa, has tenido mucho estrés.
Entspann dich, du hast viel Stress gehabt.

¡Relaja los hombros y mantén la cabeza alta!
Entspann die Schultern und halte den Kopf hoch!

el deporte
Sport

~~***esporte**~~

Viele Wörter aus dem Lateinischen oder Griechischen, die im Deutschen mit **s** + Konsonant anfangen, fügen im Spanischen ein **e-** hinzu, zum Beispiel **estilo** *(Stil)*, **espinaca** *(Spinat)* oder **estrategia** *(Strategie)*. Ausnahmen sind **deporte** *(Sport)* und **beca** *(Stipendium)*.

Dos veces por semana hacemos deporte.
Zwei Mal die Woche treiben wir Sport.
~~Dos veces por semana hacemos **esporte**.~~

la pelota/ el balón
der Ball

~~**la bala**~~

Diese Verwechselung kann gefährlich werden! **Bala** heißt *Gewehrkugel.*

Dale al niño la pelota para que juegue.
Gib dem Kind den Ball, damit er spielt.
~~Dale al niño **la bala** para que juegue.~~

bailar
tanzen

~~**danzar**~~

Bailar bezieht sich eher auf das freie, gesellschaftliche *Tanzen.* **Danzar** ist eher künstlerisch oder ritualisiert.

¿Vamos a la discoteca a bailar?
Gehen wir in die Disco tanzen?
~~¿Vamos a la discoteca a **danzar**?~~

tocar *(ein Instrument) spielen*

~~jugar~~

Jugar dient für Spiel und Sport, aber für Musik verwendet man **tocar** *(berühren)*, wie zum Beispiel bei einer Gitarre.

¡Qué bien tocas **la guitarra!**
Wie schön du Gitarre spielst!
~~¡Qué bien **juegas** la guitarra!~~

1. Quiero aprender a ______ el saxofón.	❍ A tocar	❍ B jugar
2. En las vacaciones, lo más importante es ______.	❍ A relajar	❍ B relajarse
3. Para nuestra luna de miel vamos a hacer un viaje excepcional y muy ______.	❍ A lujurioso	❍ B lujoso
4. Hace tiempo que no salimos juntos. ¿Cuándo ______?	❍ A quedamos	❍ B nos quedamos
5. El hotel ofrece actividades de tiempo ______ para niños y jóvenes.	❍ A libre	❍ B libro
6. ¡Que ______!	❍ A lo paséis bien	❍ B tengáis un buen tiempo

Lösungen
1. A, 2. B, 3. B, 4. A, 5. A, 6. A

FEHLER NACH THEMEN

5. Vorlieben: *gustar* und Co.

me gusta/n
ich mag, mir gefällt, ich habe … gern

~~**me gusto**~~

Gustar gehört zu einer Gruppe von Empfindungsverben, die sehr fehleranfällig sind! Die Person, der etwas gefällt, steht im Dativ (hier **me**). Das Subjekt des Verbs ist das, was gefällt. Ist es ein Substantiv im Singular, ein Infinitiv oder ein Satz mit **que** + **Subjuntivo**, dann steht **gusta**; ist es ein Substantiv im Plural oder eine Aufzählung von Substantiven, **gustan**. Vor den Substantiven steht immer der bestimmte Artikel. **Me gusto** heißt *ich mag mich*!

Me gustan los espárragos.
Ich mag Spargel.
~~**Me gusto** los espárragos.~~

Pequeño detalle

Zu der Gruppe von **gustar** gehören: **bastar** *(genügen, reichen)*, **dar igual** *(egal sein)*, **dar miedo** *(beängstigen)*, **doler** *(weh tun, schmerzen)*, **encantar** *(sehr gerne mögen, lieben)*, **interesar** *(interessieren)*, **molestar** *(stören)*, **parecer bien/mal** *(gut/schlecht finden)*, **preocupar** *(Sorgen machen)* und andere.

¿Le molesta que abra la ventana?
Stört es Sie, wenn ich das Fenster öffne?

encantar
lieben

~~**querer**~~

Querer als *lieben* wird nur mit **a** + Person verwendet! Ansonsten heißt es *wollen* bzw. *mögen* im Sinne von *haben wollen*.

Me encantan los perros.
Ich liebe Hunde.
~~**Quiero** los perros.~~

(eso) me gusta mucho
das gefällt mir sehr gut!/ das mag ich sehr (gern)

~~* lo me gusta mucho~~

Lo ist kein Subjektpronomen! Möchte man über eine Sache sprechen, die einem gefällt, kann man das Demonstrativpronomen **eso** *(das)* als Bekräftigung verwenden. Das passende Adverb ist dazu **mucho** *(viel)*, nicht **bien** *(gut)*.

- **¿Te gusta leer?**	- **Sí, me gusta mucho.**
- Liest du gern?	*- Ja , ich mag es sehr.*
~~- ¿Te gusta leer?~~	~~- Sí, lo me gusta bien.~~

no me gusta a mí
mir gefällt das nicht

~~* no gusta a mí~~

Zur Bekräftigung des Gesagten dient die Konstruktion **a** + Pronomen, aber **me** ist im Satz trotzdem obligatorisch – das Pronomen wird verdoppelt.

A mí el arte moderno no me interesa nada.
Mich interessiert moderne Kunst überhaupt nicht.
~~A mí el arte moderno no interesa nada.~~

a él/ella le encanta
er/sie liebt …

~~* a lo/la se encanta mucho~~

Hier sind viele Fehler möglich! Das Dativpronomen **le** ist für maskulin und feminin gleich. Bei der Verdoppelung differenziert man: **a él / a ella. Se** ist ein Reflexivpronomen, **se gusta** heißt *er/sie mag sich*! Und **encantar** kann man nicht steigern, die Bedeutung ist schon intensiv.

A él no le gusta el vino blanco, pero a ella le encanta.
Er mag Weißwein nicht, aber sie liebt ihn.
~~A lo no se gusta el vino blanco, pero a la se encanta.~~

¡Ojo!

Merken Sie sich die Kombinationen der Dativpronomen:

(a mí)	me	(a nosotros)	nos
(a ti)	te	(a vosotros)	os
(a él/ella)	le	(a ellos/ellas)	les

me gusta hacer ...
ich tue gern ...

~~* me gusta de hacer~~

Zwischen **gustar** und Co. und Infinitiv steht keine Präposition.

Me gusta sacar buenas notas.
Ich mag es, gute Noten zu bekommen.
~~Me gusta de sacar buenas notas.~~

lo que no me gusta
was mir nicht gefällt

~~que no me gusta~~

Was als Subjekt wird mit **lo que** wiedergegeben.

Lo que no me gusta es que no llames.
Was mir nicht gefällt ist, dass du nicht anrufst.
~~Que no me gusta es que no llames.~~

¿Te gusta...?
Wie gefällt dir ...?

~~* ¿Cómo te gusta?~~

Achtung, die Übersetzung ist im Spanischen anders!

¿Os gusta vivir en el centro?
Wie gefällt es euch, in der Stadtmitte zu wohnen?
~~¿Cómo os gusta vivir en el centro?~~

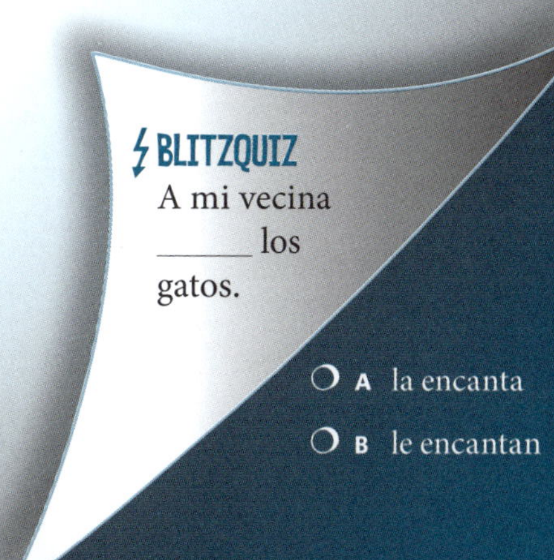

FEHLER NACH THEMEN

6. Feste

el cumpleaños
der Geburtstag

~~el aniversario~~

Oliver: ¿Cuándo es tu aniversario?
Elisa: ¿Aniversario de qué?

Aniversario ist ein Jahrestag oder Jubiläum. Oliver wollte jedoch wissen, wann Elisa Geburtstag hat.

¿Cuándo es tu cumpleaños?
Wann ist dein Geburtstag?

Mañana es nuestro aniversario de bodas.
Morgen ist unser Hochzeitstag.

ser el cumpleaños/ cumplir años
Geburtstag haben

~~* tener cumpleaños~~

Diese Wendung nicht direkt übersetzen! Das Wort **cumpleaños** besteht aus **cumplir** *(erfüllen)* und años *(Jahre)*. Es steht im Singular, da es sich auf einen einzelnen Tag bezieht.

Hoy es tu cumpleaños,/Hoy cumples años, ¿verdad?
Heute hast du Geburtstag, nicht wahr?
~~Hoy tienes cumpleaños, ¿verdad?~~

el carnaval
der Karneval/ Fasching

~~* el carneval~~

Im Spanischen ist das Wort etwas anders als im Deutschen.

¿En tu país se celebra el carnaval?
Feiert man in deinem Land Karneval?
~~¿En tu país se celebra el carneval?~~

Lösung Blitzquiz
B

el disfraz
die Verkleidung, das Kostüm

~~**la costumbre**~~

Angela: ¿Lleváis costumbres en carnaval?
Iván: Claro, hay muchas costumbres diferentes.

La costumbre ist ein Brauch oder eine Sitte, kein Kostüm.

¿Lleváis disfraces en carnaval?
Tragt ihr an Karneval Kostüme?

En carnaval, cada país tiene sus propias costumbres.
Zu Karneval hat jedes Land seine eigenen Bräuche.

el desfile
der Festumzug, die Parade

~~**la parada**~~

Parada wird nur im militärischem Kontext als Parade verstanden. Ansonsten heißt es **Haltestelle**.

¡Qué bonito, me encantan los desfiles!
Wie schön, ich liebe Festumzüge!
~~¡Qué bonito, me encantan **las paradas!**~~

¡Felices Pascuas!
Frohe Ostern!

~~* **¡Felizes Pasquas!**~~

Falls Sie einen Ostergruß verschicken möchten, schreiben Sie ihn bitte richtig: Sowohl die Kombination **ze, zi** als auch **qua, quo** gibt es im Spanischen nicht.

¡Que lo paséis bien! ¡Felices Pascuas!
Gute Zeit! Frohe Ostern!
~~¡Que lo paséis bien! **¡Felizes Pasquas!**~~

Es bueno saberlo

In der spanischsprachigen Welt gedenkt man der Passion Christi in der **Semana Santa** *(Karwoche)*, die zwar mit dem **Domingo de Pascua** *(Ostersonntag)* endet, aber deren Hauptfeierlichkeiten am **Jueves Santo** *(Gründonnerstag)* und **Viernes Santo** *(Karfreitag)* mit vielen Prozessionen gehalten werden.

¡Feliz año nuevo!
Frohes neues Jahr!

~~* ¡Feliz ano nuevo!~~

Aufgepasst, dieser Glückwunsch kann ungewollte Heiterkeit hervorrufen: **ano** heißt *After*!

¡Salud! ¡Feliz año nuevo!
Prost! Frohes neues Jahr!
~~¡Salud! ¡Feliz ano nuevo!~~

la fiesta es en...
die Party findet in ... statt/ist in ...

~~* la fiesta está en...~~

Bei der Angabe eines Veranstaltungsortes verwendet man das Verb **ser** im Sinne von *stattfinden*.

¿Dónde será la celebración de aniversario?
Wo wird die Jubiläumsfeier sein/stattfinden?
~~¿Dónde estará la celebración de aniversario?~~

		A	B
1.	La familia de mi vecina participa en las festividades de ______.	❍ A carneval	❍ B carnaval
2.	En ______ hay carros con figuras de políticos o personalidades famosas.	❍ A el desfile	❍ B la parada
3.	El sábado ______ y voy a hacer una pequeña fiesta.	❍ A cumplo años	❍ B tengo cumpleaños
4.	La fiesta ______ en el restaurante de mi club de tenis.	❍ A está	❍ B es
5.	En Alemania, es usual que los niños busquen huevos de ______ en el jardín.	❍ A Pasqua	❍ B Pascua

Lösungen
1. B, 2. A, 3. A, 4. B, 5. B

FEHLER NACH THEMEN

7. Essen und Trinken

el plato
das Gericht, der Gang, der Teller

~~la plata~~

Plato ist einerseits ein Teller, aber bei der Gastronomie bezeichnet es ein Gericht oder einen Gang, aus denen eine Mahlzeit besteht. **Plata** bedeutet *Silber* oder umgangssprachlich auch *Geld*.

La comida consta normalmente de tres platos.
Das Essen besteht normalerweise aus drei Gängen.
~~La comida consta normalmente de tres **platas**.~~

la lechuga
der (Kopf)salat

~~la ensalada~~

Franzi: ¿Me da por favor una ensalada?
Benito: No, para eso tiene que ir a comidas preparadas.

Salat als Zutat heißt auf Spanisch **lechuga**; **ensalada** bezeichnet einen fertigen Salat, egal welcher Sorte.

Decora el cóctel de mariscos con una hoja de lechuga.
Dekoriere den Meeresfrüchtecocktail mit einem Salatblatt.

He preparado una ensalada de tomate.
Ich habe einen Tomatensalat zubereitet.

la zanahoria
die Karotte

~~la carota~~

Achtung, dieser falsche Freund kann zu einem lustigen Fehler führen! **Carota** heißt wortwörtlich *großes Gesicht* und bedeutet in der Umgangssprache *unverschämter Mensch*.

¿Te gustan las zanahorias?
Magst du Karotten?
~~¿Te gustan las **carotas**?~~

la naranja
die Orange

~~* la arancha~~

Hier ist auch das spanische Wort dem italienischen *arancia* nicht so ähnlich, wie manche meinen.

Tráigame por favor un zumo de naranja.
Bringen Sie mir bitte einen Orangensaft.
~~Tráigame por favor un zumo de **arancha**.~~

Pequeño detalle

Zanahoria *(Karotte)* und **naranja** *(Orange)* sind einige der vielen Vokabeln, die durch das Arabische ins Spanische kamen. Andere Beispiele sind **ajedrez** *(Schach)* und **ojalá** *(hoffentlich).*

el pescado
der (essbare) Fisch

~~el pez~~

Svenja: ¿Compramos un pez para comérnoslo hoy?
Ruth: Pues yo, la verdad, prefiero que no esté vivo.

Pez ist der lebendige Fisch; **pescado** heißt wortwörtlich *gefischt*. Daher bezeichnet das Wort den Fisch, der nicht mehr lebt und daher zum Verzehr geeignet ist.

¿Cómo preparáis el pescado?
Wie bereitet ihr den Fisch zu?

En el acuario hay peces de colores.
Im Aquarium gibt es bunte Fische.

la chuleta
das Kotelett

~~* la coteleta~~

Kotellet hat keine so ähnliche Entsprechung im Spanischen.

Marcela prepara unas chuletas riquísimas.
Marcela macht sehr leckere Koteletts.
~~Marcela prepara unas **coteletas** riquísimas.~~

el pollo
das Hähnchen

~~**la polla**~~

Ursprünglich bedeutet die weibliche Form von **pollo** *(Hähnchen) Junghenne*. In Spanien ist jedoch das Wort **polla** eine vulgäre Bezeichnung für den Penis!

A mis hijos les encanta comer pollo frito.
Meine Kinder essen sehr gerne Brathähnchen.
~~A mis hijos les encanta comer **polla** frita.~~

el pavo
die Pute, der Truthahn

~~**la puta**~~

Achtung, hier leitet der falsche Freund zu einem weiteren vulgären Ausdruck! **Puta** bedeutet *Hure* und ist natürlich kein salonfähiges Wort.

Quería dos pechugas de pavo, por favor.
Ich hätte gerne zwei Putenbrüste, bitte.
~~Quería dos pechugas de **puta**, por favor.~~

las carnes frías/ el fiambre/ el embutido
die Wurst

~~**la salchicha**~~

Salchichas sind im Spanischen *Würstchen*, also umfasst die Bezeichnung weder Streichwurstsorten noch Aufschnitt. **Fiambre** bezieht sich auf gepökelte oder geräucherte Nahrungsmittel, die kalt gegessen werden. **Embutir** bedeutet *füllen* bzw. *stopfen* und deutet auf die Herstellung von Fleischwaren in Natur- oder Kunstdärmen.

Por la noche comemos pan con carnes frías.
Abends essen wir Brot mit Wurst.
~~Por la noche comeos pan con **salchicha**.~~

Es bueno saberlo

In den meisten spanischsprachigen Ländern ist ein kaltes Abendessen mit Brot und Wurst nicht gebräuchlich. Man isst zu Abend meistens warm, auch wenn einige kalte Vorspeisen wie **gazpacho** (eine kalte Tomatensuppe) im Sommer sehr beliebt sind.

la pizca
die Prise

~~la prisa~~

Prisa bedeutet *Eile* und hat mit einer Mengenangabe nichts zu tun.

Generalmente le pongo una pizca de sal al pastel.
Meistens gebe ich eine Prise Salz in den Kuchen.
~~Generalmente le pongo una **prisa** de sal al pastel.~~

cocinar
kochen

~~cocer~~

Cocer *(kochen)* ist der Prozess, die Nahrungsmittel mittels siedender Flüssigkeit oder Dampf genießbar zu machen. **Cocer** hat immer ein direktes Objekt, **cocinar** *(kochen/garen)* dagegen nicht unbedingt.

Mi mujer y yo nos turnamos para cocinar.
Meine Frau und ich wechseln uns mit dem Kochen ab.
~~Mi mujer y yo nos turnamos para **cocer**.~~

hacer/preparar pasteles/galletas/pan
backen

~~hornear~~

Hornear bezeichnet den Garprozess in einem Ofen und braucht ein direktes Objekt. Im Spanischen gibt es keine genaue Entsprechung für das deutsche Verb *backen*; man drückt das mittels der Verben **hacer** *(machen)* oder **preparar** *(zubereiten)* und die der Backware aus.

Muchas personas hacen galletas para el Adviento.
Viele Leute backen Plätzchen zum Advent.
~~Muchas personas **hornean galletas** para el Adviento.~~

el postre
der Nachtisch

~~* el deserto~~

Desierto bedeutet *Wüste*, das Wort * **deserto** gibt es nicht. Das Wort **postre** kommt vom Lateinischen *poster (danach)*.

Lo mejor de la comida es el postre.
Das Beste am Essen ist der Nachtisch.
~~Lo mejor de la comida es el **deserto**.~~

el pastel
der Kuchen

~~**el gato**~~

Das ist eine lustige Verwechslung aus dem Französischen. **Gato** heißt auf Spanisch Katze.

Te llevaré un pastel para tu cumpleaños.
Zu deinem Geburtstag bringe ich dir einen Kuchen.
~~Te llevaré un **gato** para tu cumpleaños.~~

la fruta
das Obst, die Frucht

~~**el fruto**~~

Fruto bezieht sich auf das biologische Erzeugnis einer Pflanze. Dazu gehören zum Beispiel Nüsse, Zapfen und auch **frutas**, die nach dem Reifen einer Blüte entstehen.

¿Qué fruta quieres, fresas o ciruelas?
Welches Obst möchtest du, Erdbeeren oder Pflaumen?
~~¿Qué **fruto** quieres, fresas o ciruelas?~~

el caramelo/ el dulce
das Bonbon

~~**el bombón**~~

Bombón bezeichnet eine Praline, **caramelo** ist eine Süßigkeit zum Lutschen. **Dulce** als Substantiv wird generell für *Süßigkeit* verwendet.

Necesito un caramelo para la tos.
Ich brauche einen Hustenbonbon.
~~Necesito un **bombón** para la tos.~~

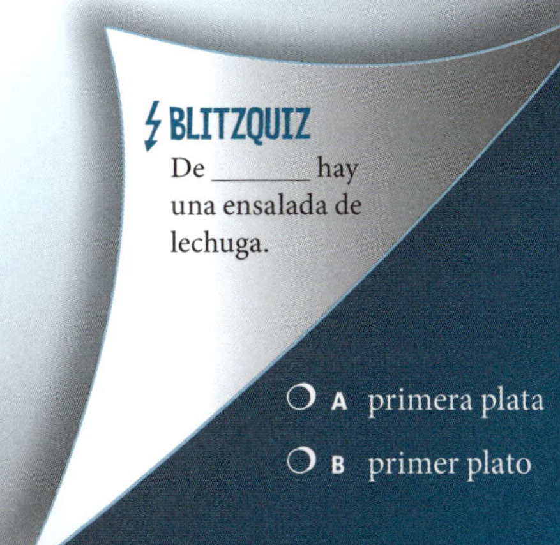

BLITZQUIZ

De _______ hay una ensalada de lechuga.

- **A** primera plata
- **B** primer plato

la bebida
das Getränk

~~**el bebido**~~

Aufgepasst, hier lauert ein lustiger Fehler! **Bebido** bedeutet *Betrunkener*!

Las bebidas frías me hacen mal.
Kalte Getränke bekommen mir schlecht.
~~**Los bebidos** fríos me hacen mal.~~

el hielo
das Eis

~~**el helado**~~

Im Spanischen gibt es einen Unterschied zwischen **helado** *(Speiseeis)* und **hielo** (*Eis,* also gefrorenes Wasser, zum Beispiel bei Eiswürfeln oder auf der Straße).

Prefiero beber agua sin hielo.
Ich trinke lieber Wasser ohne Eis.
~~Prefiero beber agua sin **helado**.~~

la manzanilla/ la camomila
die Kamille

~~**la camilla/* la camila**~~

Camila ist ein Frauenname; **camilla** (ausgesprochen wie **Sevilla**) bedeutet *Liege* oder *Krankenbahre*. **Manzanilla** bedeutet *kleiner Apfel*, vielleicht wegen des Aussehens der Blütenmitte der Kamillenblume. Die Bezeichnung **camomila** ist nicht so gebräuchlich.

Después de comer bebo una infusión de manzanilla.
Nach dem Essen trinke ich einen Kamillentee.
~~Después de comer bebo una infusión de **camila**.~~

Es bueno saberlo

In Spanien bezeichnet **té** *(Tee)* einen Aufguss, der das Anregungsmittel Teein enthält, zum Beispiel **té negro** *(schwarzer Tee)* oder **té verde** *(grüner Tee)*. Für andere Pflanzen (zum Beispiel Heilkräuter) verwendet man das Wort **infusión**. In Lateinamerika nennt man jede Aufgussform **té**.

Lösung Blitzquiz
B

el vino tinto
der Rotwein

~~* el vino rojo~~

Auch wenn man über **vino blanco** *(Weißwein)* und **vino rosado** *(Roséwein)* spricht, heißt der Rotwein nicht, wie von manchen erwartet, * **vino rojo**, sondern **vino tinto** (wörtlich: *gefärbter Wein*). Vielleicht beruht diese Bezeichnung darauf, dass manch früherer Weißwein, der billiger herzustellen war, mit einem bisschen Rotwein gemischt und daher so „gefärbt" verkauft wurde.

La Rioja es una región famosa por sus vinos tintos.
La Rioja ist eine Region, die für ihre Rotweine berühmt ist.
~~La Rioja es una región famosa por sus **vinos rojos**.~~

el tequila
der Agavenschnaps

~~* la tequilla~~

Der **tequila** ist ein mexikanischer Schnaps aus der blauen Agavenpflanze. Das Wort ist maskulin und schreibt sich mit einem **l**.

El tequila se bebe con limón y sal.
Tequila wird mit Zitrone und Salz getrunken.
~~**La tequilla** se bebe con limón y sal.~~

la cuenta
die Rechnung

~~el cuento~~

Markus: ¿Me trae el cuento, por favor?
Beatriz: ¿Quiere que le cuente "Caperucita Roja"?

Klar, Markus wurde nicht verstanden, weil er die Rechnung **(cuenta)** wollte und natürlich nicht das Märchen **(cuento)** vom Rotkäppchen!

Dividimos la cuenta entre todos, ¿vale?
Wir teilen die Rechnung untereinander, okay?

En cada país existen cuentos tradicionales.
In jedem Land gibt es traditionelle Märchen.

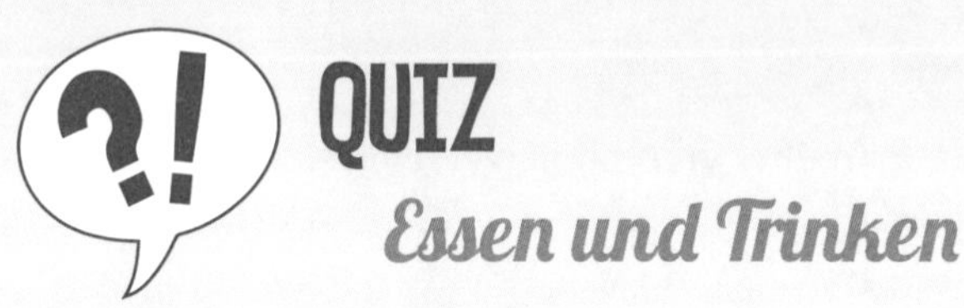

		A	B
1.	Las ______ tienen mucha vitamina A.	❍ A carotas	❍ B zana-horias
2.	Tenemos una segunda nevera para ______.	❍ A las bebidas	❍ B los bebidos
3.	Me encanta ______.	❍ A hornear	❍ B hacer pasteles y galletas
4.	¿Queréis que hagamos una tarta de ______ para el postre?	❍ A frutos	❍ B frutas
5.	Para que la vinagreta no esté tan ácida, ponle una ______ de azúcar.	❍ A prisa	❍ B pizca
6.	Los fines de semana nos gusta ______ con amigos.	❍ A cocinar	❍ B cocer
7.	Mi abuela cultiva ______ y tomates en su jardín.	❍ A lechugas	❍ B ensalada
8.	Hay muchas formas de preparar una ______ de cerdo.	❍ A coteleta	❍ B chuleta
9.	El salami y el jamón son ______.	❍ A salchi-chas	❍ B carnes frías
10.	Camarero, ¿nos trae ______, por favor?	❍ A la cuenta	❍ B el cuento
11.	Aquí tienes una limonada con mucho ______ para el calor.	❍ A helado	❍ B hielo
12.	Los vinos ______ de Chile y de Argentina son de excelente calidad.	❍ A tintos	❍ B rojos

Lösungen

1. B, 2. A, 3. B, 4. B, 5. B, 6. A, 7. A,
8. B, 9. B, 10. A, 11. B, 12. A

FEHLER NACH THEMEN

8. Kleidung

ponerse la ropa
Kleidung an-/auf-/um-/überziehen

~~poner/vestirse~~

In Kombination mit Kleidungsstücken heißt **ponerse** *an-, auf-, um-* oder *überziehen*. **Vestirse** heißt *sich kleiden* und deutet darauf hin, dass man etwas anhat bzw. trägt.

Ponte la chaqueta y vámonos.
Zieh die/deine Jacke an und lass uns gehen.
~~Pon/Vístete la chaqueta y vámonos.~~

probarse
anprobieren

~~probar~~

Probar heißt *kosten, probieren*. Bei der Kleidung ist daher nur das reflexive **probarse** *(anprobieren)* möglich, es sei denn, Sie sind eine Motte.

¿Puedo probarme este jersey?
Kann ich diesen Pullover anprobieren?
~~¿Puedo probar este jersey?~~

Es bueno saberlo

Bei Kleidungsstücken gibt es oft Wortschatzunterschiede zwischen den verschiedenen spanischsprachigen Ländern. Den Pullover nennt man zum Beispiel **jersey** in Spanien, **suéter** in Mexiko und Mittelamerika, **chompa** in Perú und Ecuador und **pulóver** in Argentinien.

la gorra
die Kappe

~~la capa~~

Capa als Kleidungsstück bedeutet *Cape, Umhang*. **Gorra** bezeichnet generell eine Schirmkappe.

Ponte la gorra, que hace mucho sol.
Zieh die/deine Kappe auf, da die Sonne stark scheint.
~~Ponte la capa, que hace mucho sol.~~

Pequeño detalle

Bei Kleidungsstücken verwendet man im Spanischen viel weniger Possessivpronomen als im Deutschen. Anscheinend geht man davon aus, dass man im Normalfall die eigenen Kleidungsstücke anziehen wird. Achten Sie auf die Beispiele unter **ponerse ropa** und **gorra**!

el vestido
das Kleid

~~**la ropa**~~

Lena: Para la fiesta quiero ponerme una ropa.
Juanjo: ¡Hombre, faltaba más que fueras desnuda!

Das ursprünglich französische *Robe* hat sich im Deutschen auf *Abendkleid* spezialisiert. Im Spanischen bedeutet es *Kleidung* im Allgemeinen. Interessanterweise stammt das Wort vom Germanischen und bedeutete *Beute*, da Räuber unter Anderem oftmals Kleider plünderten.

Muchas novias llevan un vestido blanco.
Viele Bräute tragen ein weißes Kleid.

En el verano la ropa de algodón es muy fresca.
Im Sommer ist Baumwollkleidung sehr luftig.

el broche
die Brosche

~~**la brocha**~~

So können Missverständnisse entstehen! Wenn man das falsche Wort nimmt, dann hat man einen *Malerpinsel* und nicht eine wertvolle Brosche von der Oma geerbt.

Este broche lo heredé de mi abuela.
Diese Brosche habe ich von meiner Großmutter geerbt.
~~**Esta brocha** la heredé de mi abuela.~~

el abrigo
der Mantel

~~el mantel~~

Peter: Necesito un mantel nuevo.
Nieves: ¿Por qué? ¿Vas a hacer una fiesta especial?

Diese äußerlich identischen Wörter haben eine unterschiedliche Bedeutung in der jeweiligen Sprache: **mantel** bezeichnet im Spanischen eine *Tischdecke.*

Los abrigos de lana son calentitos.
Wollmäntel sind schön warm.

¡Perdón! ¡He manchado el mantel!
Entschuldigung! Ich habe die Tischdecke beschmutzt!

de moda/ a la moda
modisch

~~módico~~

Módico in Verbindung mit Kleidung heißt *günstig, preiswert.* Da kann ein gut gemeintes Kompliment schief gehen!

Tú siempre llevas ropa de moda.
Du trägst immer modische Kleidung.
~~Tú siempre llevas ropa **módica**.~~

deportivo/-a
Sport-

~~deportista~~

Vroni: Soy muy deportista, y mi estilo también.
Óscar: ¿Tu estilo es deportista?

Für Personen nimmt man das Adjektiv **deportista** *(sportlich)*; für Sachen, **deportivo**.

La ropa deportiva debe permitir que la piel respire.
Sportbekleidung sollte atmungsaktiv sein.

No soy muy deportista, pero me gusta nadar.
Ich bin nicht sehr sportlich, aber ich schwimme gerne.

BLITZQUIZ
Yo no compro zapatos en internet porque necesito _______.

○ A probármelos
○ B probarlos

colorido/ de colores (vivos)
bunt

~~colorado~~

Hat etwas viele verschiedene Farben, kann man es mit **colorido/-a** oder **de colores (vivos)** beschreiben. **Colorado** ist nicht falsch, aber wird kaum verwendet und meistens als *rot* oder *rötlich* verstanden.

La ropa infantil colorida me parece alegre.
Bunte Kinderkleidung finde ich freundlich.
~~La ropa infantil **colorada** me parece alegre.~~

la mujer de la falda roja
die Frau im roten Rock

~~la mujer en la falda roja/con la falda roja~~

Eine Person anhand der Kleidung beschreibt man im Spanischen mit der Präposition **de** + Artikel + Kleidungsstück. Im Zusammenhang mit einer Farbe benutzt man keinen Artikel, zum Beispiel **la mujer de rojo** *(die Frau in Rot).*

El hombre del traje negro es muy atractivo.
Der Mann im schwarzen Anzug ist sehr attraktiv.
~~El hombre **en/con el traje negro** es muy atractivo.~~

?! QUIZ
Kleidung

1. A mi hija le encantan los pantalones, no le gustan ______.
   ❍ A las ropas ❍ B los vestidos
2. Muchos jóvenes llevan hacia atrás la ______.
   ❍ A gorra ❍ B capa
3. ¡Qué frío hace afuera! Creo que mejor me pongo el ______ antes de salir.
   ❍ A mantel ❍ B abrigo

Lösungen
1.B., 2. A, 3. B
Lösung Blitzquiz
A

FEHLER NACH THEMEN

9. Körper und Gesundheit

medir ... metro(s) ...
... (Meter) groß sein

~~* ser ... metro(s) ...~~

Für die Körperstatur nimmt man im Spanischen das Verb **medir** *(messen)*.

Joaquín mide un metro noventa.
Joaquín ist einen Meter neunzig (groß).
~~Joaquín es un metro noventa.~~

pesar ... kilo(s)
... (Kilo) schwer sein

~~* ser/tener ... kilo(s)~~

Gibt man das Körpergewicht an, verwendet man das Verb **pesar** *(wiegen)*.

¿Cuántos kilos pesa el nene?
Wie schwer ist das Kind?
~~¿Cuántos kilos es/tiene el nene?~~

Es bueno saberlo

Nene/nena sind umgangssprachliche Bezeichnungen für kleine Kinder und ersetzen den Vornamen. Als liebevolle familiäre Anrede werden sie für Personen jedes Alters verwendet.

los ojos
die Augen

~~los hoyos~~

Sprechen Sie das **j** in dem Wort **ojos** *(Augen)* nicht wie im Deutschen aus! **Hoyos** bedeutet nämlich *Löcher*! Das spanische **j** klingt immer wie das **ch** in *Sache*.

Lo que más me gusta de Carla son sus ojos.
Was mir an Carla am meisten gefällt sind ihre Augen.
~~Lo que más me gusta de Carla son sus hoyos.~~

cerrar los ojos
die/seine Augen schließen

~~cerrar tus ojos~~

Bei Körperteilen wird in der Regel kein Possessivbegleiter verwendet, da ja klar ist, wer der Besitzer ist.

Cierra los ojos y abre la boca.
Schließ die/deine Augen und öffne den/deinen Mund.
~~Cierra tus ojos y abre tu boca.~~

el peinado
die Frisur

~~* la frisura~~

Peinar bedeutet *kämmen*. Daher deutet das Substantiv **peinado** *(Frisur)* auf das Ergebnis dieser Tätigkeit.

Ese peinado te queda muy bien.
Diese Frisur steht dir sehr gut.
~~Esa frisura te queda muy bien.~~

el pelo
das Haar, Haare

~~los pelos~~

Kai: Me quiero lavar mis pelos.
Celia: ¿Cuáles?

Pelo bezeichnet entweder die ganze Haarpracht oder jedes einzelne Haar. Der Plural bezieht sich nur auf diese letzte Bedeutung oder ist eine umgangssprachliche Bezeichnung für die Körperbehaarung **(el vello)**.

Dídac tiene el pelo rizado como su madre.
Dídac hat lockiges Haar, wie seine Mutter.

Por favor quita los pelos del lavabo.
Bitte entferne die Haare aus dem Waschbecken.

tener el pelo negro
schwarze Haare haben

~~tener pelo negro~~

Nach **tener** *(haben)* folgt der bestimmte Artikel, wenn körperliche Merkmale beschrieben werden.

¡Tienes el pelo demasiado largo, ¡córtatelo de una vez!
Du hast zu lange Haare, schneide sie dir endlich ab!
~~¡Tienes pelo demasiado largo, ¡córtatelo de una vez!~~

cortarse el pelo
die Haare schneiden (lassen)

~~* dejar cortar el pelo~~

Im Deutschen wird unterschieden, ob man die Haare selbst schneidet oder ob man das jemand anderem anvertraut. Im Spanischen klärt das der Kontext auf.

Quiero ir a la peluquería a cortarme el pelo.
Ich möchte zum Frisör gehen, um mir die Haare schneiden zu lassen.
~~Quiero ir a la peluquería a dejarme cortar el pelo.~~

quedarse calvo/-a
eine Glatze bekommen

~~tener una calva~~

Das verwandte Adjektiv zum Substantiv **calva** *(Glatze)* ist **calvo/-a** *(kahlköpfig)*. **Quedarse** ist eine der vielen Übersetzungsmöglichkeiten des Verbs *werden* und beschreibt ein Ergebnis; hier die Veränderung nach dem Haarausfall, der zum Großteil Männer betrifft.

Mi padre se quedó calvo muy joven.
Mein Vater bekam sehr jung eine Glatze.
~~Mi padre **tuvo una calva** muy joven.~~

la cana
das weiße Haar

~~el pelo blanco~~

Canas sind einzelne weiße Haare; wenn jemand **pelo blanco** *(weiße Haare)* hat, dann ist er oben ganz weiß.

A Víctor no le gustan sus canas y se las tiñe.
Víctor mag seine weißen Haare nicht und er färbt sie.
~~A Víctor no les gustan sus **pelos blancos** y se los tiñe.~~

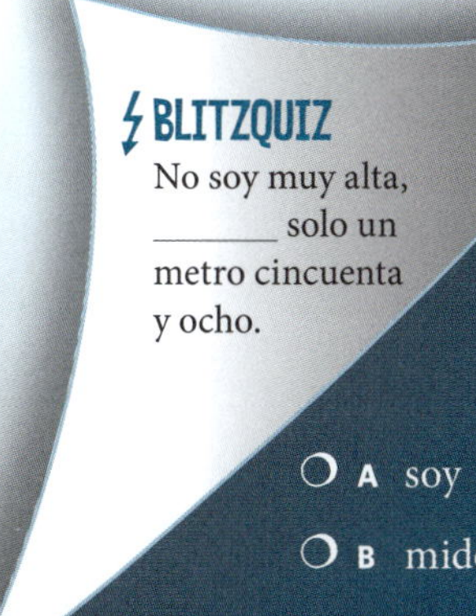

Pequeño detalle

Beschreibt man eine Person, deren Schopf grau meliert ist, sagt man entweder **está canoso/-a** oder **tiene el pelo gris** *(er/sie hat graues Haar).*

la arruga
die Falte

~~**la falta**~~

Arrugarse heißt *zerknittern*. Bezogen auf die Haut bedeutet es *faltig werden*, und das Ergebnis ist **la arruga** *(die Falte).* **Falta** bedeutet *Mangel* oder *Fehler*, dabei ist es weder das eine noch das andere, Falten zu haben!

A mí las arrugas de la risa me parecen simpáticas.
Ich finde Lachfalten sympathisch.
~~A mí **las faltas** de la risa me parecen simpáticas.~~

la frente
die Stirn

~~**el frente**~~

Hier gibt es zwei identische Wörter, die sich nur vom Genus her unterscheiden und eine völlig andere Bedeutung haben. **La frente** ist *die Stirn*, **el frente** dagegen die *Front*.

No tienes por qué arrugar la frente.
Du brauchst nicht die Stirn zu runzeln.
~~No tienes por qué arrugar **el frente**.~~

la muela
der Backenzahn

~~**el diente**~~

Karies bildet sich meistens in den *Backenzähnen* (**las muelas**) und die *Weisheitszähne* heißen **muelas del juicio. Los dientes** bezeichnet entweder das ganze Gebiss oder lediglich die Frontzähne.

Me temo que hay que sacar la muela.
Ich befürchte, dass man den Backenzahn ziehen muss.
~~Me temo que hay que sacar **el diente**.~~

Lösung Blitzquiz
B

el chico de la barba
der junge Mann mit dem Bart

~~* el chico con la barba~~

Bei einer Beschreibung anhand von Körpermerkmalen verwendet man die Präposition **de** und nicht **con**.

Ese chico de la barba es mi primo.
Der junge Mann mit dem Bart ist mein Cousin.
~~Ese chico **con la barba** es mi primo.~~

la mano
die Hand

~~* el mano~~

Mano als weibliches Substantiv ist eine Ausnahme. Die allermeisten Substantive auf **-o** sind zwar männlich, aber **mano** *(Hand)* ist feminin.

Dame la mano.
Gib mir die/deine Hand.
~~Dame **el mano**.~~

la pierna
das Bein

~~la gamba~~

Gamba heißt *Bein* auf Italienisch, aber auf Spanisch ist es eine *Garnele*.

Muchas modelos tienen las piernas muy largas.
Viele Models haben sehr lange Beine.
~~Muchas modelos tienen **las gambas** muy largas.~~

el hueso
der Knochen

~~el huevo~~

Manchmal verführt die Ähnlichkeit zwischen zwei Wörtern zu einer ungewollt lustigen Aussage. **Huevo** heißt *Ei* und ist, wie im Deutschen, eine Bezeichnung für *Hoden*.

Ángel se cayó de la bici y se rompió un hueso.
Ángel fiel vom Fahrrad und brach sich einen Knochen.
~~Ángel se cayó de la bici y se rompió **un huevo**.~~

ponerse rojo/-a
ponerse colorado/-a
enrojecer
rot werden, erröten

~~**volverse rojo/-a**~~

Kerstin: ¡No te vuelvas rojo, por favor!
Mauricio: ¿Quién estaba hablando de política?

Werden als Verb der Veränderung wird im Spanischen durch verschiedene Wendungen oder spezifische Verben ausgedrückt, zum Beispiel **enrojecer**. Mit **ponerse** + Adjektiv drückt man eine momentane oder abrupte Veränderung des Gemüts, des Aussehens oder der gesundheitlichen Verfassung aus. Bei **volverse** + Adjektiv geht es um eine andauernde Veränderung der Haltung, des Charakters oder der wirtschaftlichen Lage. Im obigen Beispiel interpretiert Mauricio **rojo** als *sozialistisch*.

El sábado por la noche el bebé se puso enfermo.
Samstag abend wurde das Baby plötzlich krank.

Inés se ha vuelto más madura.
Inés ist reifer geworden.

estar/ponerse alto/-a
groß geworden sein

~~*** ser alto/-a, * volverse alto/-a**~~

Möchte man auf eine Veränderung einer Eigenschaft hinweisen, kann man das anhand des Verbs **estar** + Adjektiv ausdrücken. Zu **ponerse** siehe Abschnitt davor.

Has crecido mucho, estás/te has puesto muy alta.
Du bist sehr gewachsen, du bist ist sehr groß geworden.
~~Has crecido mucho, **eres/te has vuelto** muy alta.~~

¡Ojo!

Hier weitere Entsprechungen vom deutschen *werden* in Verbindung mit Adjektiven: **hacerse famoso/-a** *(berühmt werden;* Entwicklung); **llegar a ser rico/-a** (*reich werden;* schrittweises Erreichen eines Ziels); **quedarse sorprendido/-a** (*überrascht werden;* Veränderung als Ergebnis).

el resfrío/ resfriado
die Erkältung

~~* el enfrío~~

Auch wenn *sich erkälten* sowohl **resfriarse** als auch **enfriarse** heißt, gibt es nur zum ersten Verb ein Substantiv.

No te acerques, porque tengo un resfrío.
Komm mir nicht nahe, ich habe eine Erkältung.
~~No te acerques, porque tengo **un enfrío**.~~

estar enfermo/-a
krank sein

~~ser enfermo/-a~~

Mit **ser** beschreibt man charakteristische, definierende Eigenschaften. Eine chronisch kranke Person kann man mit **ser** beschreiben, meistens mit dem unbestimmten Artikel, zum Beispiel **Salvador es un enfermo del corazón.** *(Salvador ist herzkrank).* In den meisten Fällen jedoch verwenden wir das Wort **enfermo/-a** zum Glück als vorübergehenden Zustand, daher mit **estar**.

¡Pobrecito! ¿Estás enfermo?
Du Armer! Bist du krank?
~~¡Pobrecito! **¿Eres enfermo?**~~

Pequeño detalle

Adjektive, deren Grundbedeutung einen Kontrast bzw. einen Vergleich beinhaltet, werden in der Regel mit **estar** verwendet, darunter auch **estar vivo/estar muerto** *(am Leben/tot sein).* Mit der Dauer des Zustandes hat es also nichts zu tun.

me duele la espalda/ tengo dolor de espalda
ich habe Rückenschmerzen

~~tengo dolores en la espalda~~

Um Schmerzen auszudrücken, greifen Spanischsprecher/innen auf die Konstruktion **doler** + Dativ zurück. Alternativ beschreiben sie sie mit dem Substantiv **dolor** und der Präposition **de**.

¡Este dolor de cabeza me está matando!
Diese Kopfschmerzen bringen mich um!
~~**¡Estos dolores en la cabeza** me están matando!~~

sentirse bien/mal
sich wohl/ schlecht fühlen

~~**sentarse bien/mal**~~

Aufgepasst, hier geht es um zwei ähnliche Verben, die gerne durcheinandergebracht werden und deren erste Person im Präsens gleich ist. **Sentarse** bedeutet *sich hinsetzen.* Da kann schon ein lustiges Missverständnis zustande kommen!

Mañana ya vas a sentirte bien.
Morgen wirst du dich wieder wohlfühlen.
~~**Mañana ya vas a sentarte bien.**~~

?! QUIZ

Körper und Gesundheit

		A	B
1.	Levanta ______ mano si quieres decir algo en clase.	❍ A tu	❍ B la
2.	Muchos famosos se hacen cirugía plástica para no tener ______.	❍ A arrugas	❍ B faltas
3.	Hoy tu padre y yo no ______ bien. Preferimos no ir a la excursión con vosotros.	❍ A nos sentamos	❍ B nos sentimos
4.	Mi jefa es la mujer ______ pelo rubio.	❍ A con el	❍ B del
5.	______ del juicio aparecen normalmente al final de la adolescencia.	❍ A las muelas	❍ B los dientes
6.	Cuando tiene que dar una presentación, Lucas suele ______ rojo.	❍ A volverse	❍ B ponerse
7.	Muchos chicos llevan hoy ______.	❍ A el pelo largo	❍ B los pelos largos

Lösungen
1. B, 2. A, 3. B, 4. B, 5. A, 6. B, 7. A

FEHLER NACH THEMEN

10. Wohnung und Einrichtung

mudarse
umziehen

~~**moverse**~~

Wieder ein häufiger Fehler! Im Englischen heißt *move* sowohl *umziehen* als auch *sich bewegen*. Im Spanischen hat **moverse** nur die letztere Bedeutung.

Acabo de mudarme.
Ich bin gerade umgezogen.
~~Acabo **de moverme**.~~

vivir en…
in … wohnen

~~* **habitar a**~~

Habitar heißt eher *bewohnen* als *wohnen* und wird in der normalen Umgangssprache kaum gebraucht. Den Ort, wo man etwas tut (darunter auch wohnen), gibt man mit der Präposition **en** an. **A** dagegen deutet auf eine Richtung, die man nimmt.

Vivimos en esta casa desde hace mucho.
Wir wohnen seit langem in diesem Haus.
~~**Habitamos a** esta casa desde hace mucho.~~

vivir con/en la casa de…
bei … wohnen

~~**vivir a**~~

Bei kann mit **con** *(zusammen mit)* wiedergegeben werden. Alternativ kann man **la casa** *(das Haus)* erwähnen. Der Besitzer wird mit **de** oder mit einem Possessivbegleiter angegeben, wenn der Kontext klar ist (zum Beispiel **en su casa** *[in seinem/ihrem Haus])*.

Muchos jóvenes viven con sus padres / en la casa de sus padres.
Viele Jugendliche wohnen bei ihren Eltern.
~~Muchos jóvenes **viven a** sus padres.~~

antiguo/-a
alt

~~**viejo/-a**~~

Auf Sachen bezogen bedeutet **viejo** *(alt)*, dass etwas heruntergekommen und abgenutzt ist. **Antiguo** deutet auf etwas Wertvolles bzw. Beständiges aus einer früheren Zeit.

Las casas antiguas tienen un encanto especial.
Alte Häuser haben einen besonderen Charme.
~~Las casas **viejas** tienen un encanto especial.~~

Pequeño detalle

Auf eine Person bezogen bedeutet **viejo/-a**, dass sie Alterserscheinungen zeigt und nicht mehr jung ist. **Antiguo** wird bei Personen immer vorangestellt und bedeutet langjährig, wie bei **un antiguo amigo** *(ein alter Freund)* oder *frühere/r bzw. ehemalige/r*, wie bei **la antigua ministra** *(die frühere/ ehemalige Ministerin)*.

el plano
der Haus- oder Stadtplan

~~**el plan**~~

Plan heißt *Plan* als *Vorhaben* und bezeichnet weder eine Karte noch eine Zeichnung.

Te voy a mostrar el plano de la casa.
Ich zeige dir den Hausplan.
~~Te voy a mostrar **el plan** de la casa.~~

el piso
die Wohnung/ der Fußboden

~~**la habitación**~~

Tim: ¿Quieres pasar a mi habitación a tomar algo?
Diana: Pues… mejor vamos a un bar, ¿vale?

Tim wollte, dass Diana mit ihm noch etwas in seiner Wohnung (**piso**) trinkt, aber in der Tat hat er sie in sein Zimmer (**habitación**) eingeladen: Das kann schief gehen!

¿Cuántas habitaciones tiene tu piso?
Wie viele Zimmer hat deine Wohnung?

Es bueno saberlo

Eine kleinere Wohnung wird in Spanien **apartamento** genannt. In Lateinamerika bedeutet **piso** lediglich *Fußboden*; für eine Wohnung verwendet man je nach Land die Bezeichnung **departamento** oder **apartamento.**

el suelo
der (Fuß-) Boden, der Erdboden

~~**el sol**~~

Außer **piso** kann man für *Fußboden* das Wort **suelo** verwenden. **Sol** heißt *Sonne*, damit ist man also auf der falschen Fährte.

No pongas tu bolso en el suelo.
Stell deine Handtasche nicht auf den Boden.
~~No pongas tu bolso en el sol.~~

la habitación
das Zimmer

~~**la cámara, la cama**~~

Cámara ist für Zimmer nur in bestimmten Verbindungen üblich, zum Beispiel **música de cámara** *(Kammermusik).* Die Verwechslung mit **cama** *(Bett)* ist ein noch gravierenderer Fehler, der Ratlosigkeit verursachen kann.

Reservé una habitación para tres personas.
Ich habe ein Zimmer für drei Personen reserviert.
~~Reservé **una cámara / una cama** para tres personas.~~

Es bueno saberlo

Es gibt andere Bezeichnungen für Zimmer, die in manchen Ländern in der Umgangssprache üblicher als **habitación** sind, zum Beispiel **la pieza** in Chile und **el cuarto** in Mexiko.

Durante los veranos yo _______ mis abuelos.

❍ A habitaba a

❍ B vivía con

el escalón
die Stufe

~~la estufa~~

Daniela: Solo tenemos que subir dos estufas más.
Martín: Pero, ¡qué dices! Yo no puedo ni con una.

Aufgepasst, **estufa** bedeutet *Heizofen*!

Es bueno usar los escalones en vez del ascensor.
Es ist gut, die Stufen statt dem Aufzug zu benutzen.

¡Hace frío! Sentémonos junto a la estufa.
Es ist kalt! Setzen wir uns neben dem Heizofen.

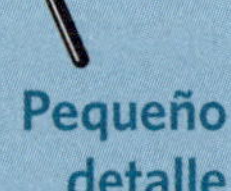

Pequeño detalle

In manchen Ländern Lateinamerikas bedeutet **estufa** *Kochherd* oder auch *Heizofen*. In Spanien hat das Wort nur diese letzte Bedeutung, **cocina** ist sowohl *Kochherd* als auch *Küche*.

el empapelado/ el papel pintado
die Tapete

~~el tapete~~

Tapete ist auf Spanisch eine Decke, die zur Dekoration verwendet wird. Die Wände zu tapezieren ist in spanischsprachigen Ländern nicht so üblich wie bei uns.

Este empapelado/papel pintado hay que cambiarlo.
Diese Tapete muss man auswechseln.
~~Este tapete hay que cambiarlo.~~

la chimenea
der Kamin/der Schornstein

~~el camino~~

Chimenea bedeutet *Schornstein* und auch *Kamin*, das heißt, das gleiche Wort beschreibt den Gegenstand von außen und von innen. Trotz der Ähnlichkeit mit *Kamin* heißt **camino** *Weg*.

Lina dibujó una casita con una chimenea encima.
Lina zeichnete ein Häuschen mit einem Schornstein oben drauf.
~~Lina dibujó una casita con **un camino** encima.~~

Lösung Blitzquiz
B

la estantería
das Regal

~~**el regalo**~~

Regalo heißt *Geschenk*. **Estantería** bezeichnet das Möbelstück zum Abstellen oder Aufbewahren.

Mis libros están en la estantería.
Meine Bücher sind auf dem Regal.
~~Mis libros están en **el regalo**.~~

el sofá
das Sofa

~~* **la sofa**~~

Das deutsche Wort sieht fast gleich aus, unterscheidet sich jedoch vom spanischen vom Geschlecht und von der Betonung her. **Sofá** ist im Spanischen maskulin und hat einen Akzent auf dem **a**.

Podemos sentarnos en el sofá.
Wir können uns auf das Sofa setzen.
~~Podemos sentarnos en **la sofa**.~~

la tele
das Fernsehen

~~* **la telé**~~

Hier entsteht die falsche Betonung unter dem Einfluss des Französischen. **Tele** ist eine Abkürzung von **televisión**. Das Wort hat keinen Akzent und endet auf Vokal, daher wird es auf der vorletzten Silbe betont.

Mucha gente ve series en la tele.
Viele Leute schauen sich Serien im Fernsehen an.
~~Mucha gente ve series en **la telé**.~~

la mesa
der Tisch

~~**la tabla**~~

Dieser Fehler entsteht durch den Einfluss vom Englischen und Französischen *table (Tisch)*. **Tabla** bedeutet aber auf Spanisch *Brett*.

¡Qué bien habéis decorado la mesa!
Schön habt ihr den Tisch dekoriert!
~~¡Qué bien habéis decorado **la tabla**!~~

el florero
die Vase

~~el vaso~~

Vase heißt **florero**, weil man da häufig **flores** *(Blumen)* hineinstellt. **Un vaso** ist ein *Trinkglas*.

Voy a poner las rosas en el florero.
Ich werde die Rosen in die Vase stellen.
~~Voy a poner las rosas en **el vaso**.~~

el vaso
das Glas

~~el vidrio~~

Vidrio ist kein *Trinkglas*, sondern *Glas* als Material.

Ya he puesto los vasos para los invitados.
Ich habe schon die Gläser für die Gäste hingestellt.
~~Ya he puesto **los vidrios** para los invitados.~~

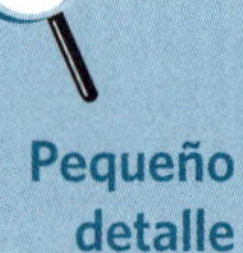

Pequeño detalle

Das Trinkgefäß in Becherform heißt **vaso. Una copa** ist ein Wein- oder Sektglas mit Stiel. Brillengläser nennt man **el cristal** oder **la lente** (Linse).

la puerta
die Tür

~~el puerto~~

Robert: Tienes que salir por ese puerto.
Anita: Claro, claro, ¡soy un barco! ¡Tuu-tuuu!

Was ist hier passiert? Robert sagte, Anita soll durch den *Hafen* hinausfahren bzw. hinausgehen. Das hat sie nun als Scherz verstanden.

¿Has cerrado la puerta con llave?
Hast du die Tür abgeschlossen?

El barco llegará pronto al puerto.
Das Schiff wird bald im Hafen ankommen.

el tirador
der Griff

~~**el grifo**~~

Tirador *(Griff)* kommt vom Verb **tirar** *(ziehen)*. **Grifo** ist etwas ganz anderes, es bedeutet *Wasserhahn*.

Oh, ¡he roto el tirador del cajón!
Oh, ich habe den Griff der Schublade kaputt gemacht!
~~Oh, ¡he roto **el grifo** del cajón!~~

Es bueno saberlo

Der Griff wird je nach Land anders genannt. Beispiele sind **manilla** (Chile), **manija** oder **agarradera** (Mexiko). Die *Türklinke* heißt im Allgemeinen **el picaporte**.

la bandeja
das Tablett

~~**la tableta**~~

Tableta bedeutet entweder *Tablet* als Computer oder *Tablette*, aber nicht *Tablett*.

Llévale a la abuela el café en esta bandeja.
Bring der Oma den Kaffee auf diesem Tablett.
~~Llévale a la abuela el café en **esta tableta**.~~

el teclado
die Tastatur

~~* **la tastatura**~~

Tecla heißt *Taste*, die *Tastatur* ist **el teclado** sowohl bei Musikinstrumenten wie auch bei Computern.

¿Cómo puedo instalar el teclado español?
Wie kann ich die spanische Tastatur installieren?
~~¿Cómo puedo instalar **la tastatura** española?~~

BLITZQUIZ
En invierno es muy agradable encender _______.

- A la chimenea
- B el camino

QUIZ

Wohnung und Einrichtung

		A	B
1.	Puse la botella de vino en la ______, pero se me cayó.	❍ A bandeja	❍ B tableta
2.	Si nos ______ a la casa grande, vamos a tener más espacio.	❍ A movemos	❍ B mudamos
3.	El arquitecto les mostró a los compradores el ______ del edificio.	❍ A plan	❍ B plano
4.	Raulito, ¡si te portas mal, no podrás salir y te quedarás en tu ______!	❍ A habitación	❍ B piso
5.	Yo soy realista, mantengo los pies en el ______.	❍ A suelo	❍ B sol
6.	Vivir en un edificio ______ renovado puede ser carísimo.	❍ A viejo	❍ B antiguo
7.	Después de terminar su carrera, Miriam quiere ______ sola y ser independiente de sus padres.	❍ A habitar	❍ B vivir
8.	Hijos, ¡sois muy desordenados! Hay ropa y juguetes tirados por toda la ______.	❍ A habitación	❍ B cama
9.	Tenga cuidado, para entrar hay que subir ______.	❍ A unas estufas	❍ B unos escalones
10.	Hoy solo quiero quedarme en ______ y mirar películas todo el día.	❍ A el sofá	❍ B la sofa
11.	En la cocina tenemos una ______ pequeña para desayunar.	❍ A mesa	❍ B tabla

Lösungen

1. A, 2. B, 3. B, 4. A, 5. A, 6. B, 7. B, 8. A, 9. B, 10. A, 11. A

Lösung Blitzquiz

A

FEHLER NACH THEMEN

11. Stadt und Land

el habitante
der Bewohner

~~* el inhabitante~~

Dieser häufige Fehler kommt vom Englischen *inhabitant (Bewohner)*. Das spanische Wort hat keine Vorsilbe.

¿Cuántos habitantes tiene la Ciudad de México?
Wie viele Einwohner hat Mexiko-Stadt?
~~¿Cuántos inhabitantes tiene la Ciudad de México?~~

la capital
die Hauptstadt

~~el capital~~

Hier handelt es sich um gleichlautende Wörter, aber **la capital** *(die Hauptstadt)* ist weiblich, wohingegen **el capital** *(das Kapital)* männlich ist.

A mí me encanta esta capital**.**
Ich liebe diese Hauptstadt.
~~A mí me encanta este capital.~~

la ciudad
die Stadt

~~* el ciudad~~

Wörter auf **-dad** sind feminin, so auch **la ciudad** *(die Stadt)*.

En verano la ciudad **está llena de turistas.**
Im Sommer ist die Stadt voll mit Touristen.
~~En verano el ciudad está lleno de turistas.~~

el edificio
das Gebäude

~~la casa~~

Für mehrstöckige Häuser, die verschiedene Wohnungen beinhalten, verwendet man nicht **casa** *(Haus)*, sondern **edificio** *(Gebäude)*.

Vivo en un edificio **de diez pisos.**
Ich wohne in einem zehnstöckigen Haus.
~~Vivo en una casa de diez pisos.~~

la torre
der Turm

~~* el torre~~

Substantive auf -**e** muss man mit Artikel lernen. *Turm* ist im Deutschen männlich, im Spanischen weiblich.

La torre **de Pisa está inclinada.**
Der Turm von Pisa ist schief.
~~El torre de Pisa está inclinado.~~

el castillo
die Burg / das Schloss

~~el castel~~

Das Wort **castel** wird heute nicht mehr gebraucht, stattdessen bezeichnet **castillo** sowohl eine befestigte mittelalterliche *Burg* als auch ein *Schloss* als Wohnungsbau des Adels späterer Epochen.

Había una vez un rey que vivía en un castillo**.**
Es war einmal ein König, der wohnte in einem Schloss.
~~Había una vez un rey que vivía en un castel.~~

Es bueno saberlo

Im Katalanischen gibt es das Wort *castell* für *Burg* und es bezeichnet auch eine traditionelle Menschenpyramide, die zu bestimmten festlichen Anlässen aufgebaut und von einer großen Anzahl von Menschen **(la pinya)** gestützt wird.

la naturaleza
die Natur

~~la natura~~

Natura ist ein gehobener Ausdruck, der fast nur in bestimmten Kombinationen gebraucht wird, z. B. **contra natura** *(widernatürlich)*. Für den Allgemeingebrauch ist das Wort **naturaleza** *(Natur)* üblich.

Tenemos que cuidar la naturaleza**.**
Wir müssen die Natur pflegen.
~~Tenemos que cuidar la natura.~~

el campo
das Land

~~el país, el paisaje~~

País bedeutet *Land* als politisch abgegrenztes Gebiet; **paisaje** ist eine *Landschaft*, die man von einem Punkt aus sieht. Wenn man auf Spanisch *Land* im Kontrast mit dem städtischen Leben ausdrücken möchte, verwendet man **el campo**. Das Wort bedeutet auch *Acker*.

Es bueno el aire del campo.
Die Landluft ist gut.
~~Es bueno el aire del **país/paisaje**.~~

el lago
der See

~~el largo~~

Im Deutschen klingt ein **r** am Ende der Silbe oft fast wie ein **a**, daher diese Verwechslung. **Largo/-a** ist ein Adjektiv und heißt *lang/e*; **el largo** bedeutet der *Lange*.

¡Qué tranquilo es este lago!
Wie ruhig ist dieser See!
~~¡Qué tranquilo es este **largo**!~~

el mar
das Meer

~~la mar~~

Auch wenn **mar** *(Meer)* sowohl als Maskulinum als auch als Femininum korrekt ist, ist Ersteres im normalen Gebrauch üblicher. Die feminine Form ist eher poetisch, wird in festen Ausdrücken wie **alta mar** *(hohe See)* verwendet oder drückt die Verbundenheit der Seeleute mit dem Meer aus.

La familia siempre veranea al lado del mar.
Die Familie verbringt den Sommer immer am Meer.
~~La familia siempre veranea al lado de **la mar**.~~

Pequeño detalle

Verbringt man die warme bzw. die kalte Jahreszeit an einem Ort, kann man das mit **pasar el verano/invierno** *(den Sommer/Winter verbringen)* ausdrücken oder die Verben **veranear** bzw. **invernar** verwenden.

la montaña
der Berg

~~**la montana**~~

Montana ohne **ñ** ist ein feminines Adjektiv und kommt von **monte**, ein Wort, das auch *Berg* bedeutet, aber bei den meisten Spanischsprecher/innen mit der Vorstellung einer kleineren Erhebung als **montaña** verbunden wird. **Monte** kann auch ein mit Büschen oder Gestrüpp bedecktes Gelände bezeichnen.

Desde ahí se ven las montañas nevadas.
Von dort aus sieht man die schneebedeckten Berge.
~~Desde ahí se ven **las montanas** nevadas.~~

el volcán
der Vulkan

~~*** el vulcano**~~

Ein häufiger Fehler! *Vulkan* heißt auf Spanisch **volcán**.

En Ecuador hay muchos volcanes activos.
In Ecuador gibt es viele aktive Vulkane.
~~En Ecuador hay muchos **vulcanos** activos.~~

el árbol
der Baum

~~*** el arból**~~

Achtung mit dem Akzent, der auf der ersten Silbe liegt!

Ponemos los regalos debajo del árbol de Navidad.
Wir legen die Geschenke unter den Weihnachtsbaum.
~~Ponemos los regalos debajo **del arból** de Navidad.~~

el bosque
der Wald

~~**la selva**~~

Eine dicht mit Bäumen bestandene Fläche nennt man **bosque**. Für tropische Urwälder verwendet man **selva**.

Hansel y Gretel estaban perdidos en el bosque.
Hänsel und Gretel hatten sich im Wald verlaufen.
~~Hansel y Gretel estaban perdidos en **la selva**.~~

Es bueno saberlo

Das lateinische Wort *silva* bedeutete *Wald*, damals galt wohl die hier genannte Unterscheidung noch nicht. Das erklärt, dass der Name des Schwarzwaldes auf Spanisch **la Selva Negra** ist.

un paisaje variado/ diverso
eine vielfältige Landschaft

~~**un paisaje divertido**~~

Wegen der Ähnlichkeit der Anfangssilben werden manchmal **diverso** *(vielfältig, verschieden)* und **divertido** *(spaßig, lustig, unterhaltsam)* verwechselt.

Esta región tiene un paisaje muy variado/diverso.
Diese Region hat eine sehr vielfältige Landschaft.
~~Esta región tiene **un paisaje** muy **divertido**.~~

el lugar
der Ort

~~**el plazo**~~

Kathrin: ¿Qué plazo prefieres para vivir?
Juan: Mmmh, 99 años, pero con salud.

Kathrin fragt, an welchem **lugar** *(Ort)* Juan am liebsten wohnen würde und seine Antwort hat sie etwas verdutzt. Klar, **plazo** bedeutet ja *Frist* oder *Laufzeit*!

Este lugar es maravilloso.
Dieser Ort ist wunderschön.

¿Terminaréis dentro del plazo fijado?
Werdet ihr innerhalb der festgelegten Frist fertig?

la autopista
die Autobahn

~~* **la autostrada**~~

Aufgepasst, *autostrada* ist Italienisch!

Hay un atasco en la autopista.
Es gibt einen Stau auf der Autobahn.
~~Hay un atasco en **la autostrada**.~~

1.	¿Cómo se les dice a los ______ de Guatemala?	❍ A inhabitantes	❍ B habitantes
2.	Los domingos hacemos un picnic en el ______.	❍ A campo	❍ B paisaje
3.	La finca de mis abuelos era para mí un ______ muy especial.	❍ A plazo	❍ B lugar
4.	En Noruega hay ______ y lagos preciosos.	❍ A selvas	❍ B bosques
5.	¿Cómo se llama ______ de Honduras?	❍ A la capital	❍ B el capital
6.	En el centro de Nueva York hay ______ enormes.	❍ A edificios	❍ B casas
7.	¿Habéis visto el cráter del ______?	❍ A vulcano	❍ B volcán
8.	La princesa estaba encerrada en ______ torre.	❍ A un	❍ B una
9.	Para relajarte, date tiempo para disfrutar de la ______ lo más posible.	❍ A natura	❍ B naturaleza
10.	Me encanta nadar en un ______ en el verano.	❍ A lago	❍ B largo
11.	El Coto de Doñana es increíble y ofrece un paisaje ______.	❍ A divertido	❍ B diverso

Lösungen
1. B, 2. A, 3. B, 4. B, 5. A, 6. A, 7. B,
8. B, 9. B, 10. A, 11. B

FEHLER NACH THEMEN

12. Fortbewegung und Verkehrsmittel

ir/volar/ viajar a
nach ... gehen/ fahren/fliegen/ reisen

~~ir/volar/viajar en~~

Die Präposition **a** gibt unter anderem die Richtung an, daher folgt sie auf Verben der Bewegung wie **ir** *(gehen, fahren)*, **viajar** *(reisen)*, **volar** *(fliegen)* usw. Mit **en** gibt man das Verkehrsmittel an, z. B. **ir en avión** *(fliegen)*.

¿Vas a volar a Londres?
Fliegst du nach London?
~~¿Vas a volar en Londres?~~

ir
(hin) gehen, fahren/[dahin] kommen

~~venir~~

Jonas: ¿Vengo a tu casa?
Lucía: Pero, ¿de dónde me llamas? ¿Estás aquí?

Lucía hat verstanden, dass Jonas vor ihrer Wohnung steht und sie von dort aus anruft. **Ir** und **venir** sind so genannte Richtungsverben und drücken den Standort des Sprechers/ der Sprecherin aus. **Ir** deutet auf die Bewegung vom ihm/ ihr weg; **venir**, zu ihm/ihr hin oder mit ihm/ihr mit. Im Deutschen kann man in diesem Fall auch den Zuhörer als Bezugspunkt nehmen: Jonas' Aussage entspricht *Komme ich zu dir?*

¡Ahora voy, no me tardo!
Ich gehe/komme schon, es dauert nicht mehr lange!

Ven por favor a mi oficina.
Komm bitte in mein Büro.

Voy al comedor, ¿vienes conmigo?
Ich gehe in die Kantine, kommst du mit?

ir
fahren

~~conducir~~

Conducir heißt *fahren* im Sinne, dass man ein Fahrzeug *lenkt*. Möchte man ausdrücken, dass man irgendwohin fährt, dann verwendet man **ir**.

Este domingo hemos ido **al campo.**
Am Sonntag sind wir aufs Land gefahren.
~~Este domingo **hemos conducido** al campo.~~

caminar/andar
laufen, gehen

~~marchar~~

Im Französischen heißt *marcher laufen, gehen* oder *marschieren*. Im Spanischen wird **marchar** in der ersten Bedeutung wenig verwendet und eher in formellen Kontexten, z. B.: **Muchos migrantes marchan hacia el norte** *(Viele Migranten sind auf dem Weg gen Norden).*

En vuelos largos camino/ando **un poco por el pasillo.**
Bei Langstreckenflügen laufe ich ein wenig durch den Gang.
~~En vuelos largos **marcho** un poco por el pasillo.~~

Es bueno saberlo

Bei Sachen bedeutet **marchar** *laufen, gehen* im Sinne von *funktionieren*, z. B. **Mi reloj ya no marcha bien.** *(Meine Uhr geht nicht mehr richtig).*

ir a ver a/ (ir a) visitar a/ ir a casa de
zu jemanden gehen/fahren, jemanden besuchen

~~ir a~~

Wenn man zu einer Person geht bzw. sie besucht, muss man im Unterschied zum Deutschen ein Verb wie **ver** *(sehen)* oder **visitar** *(besuchen)* oder aber das Haus (**casa**) hinzufügen. Für persönliche Besuche oder Museen kann man auch das Verb **visitar** alleine verwenden.

Quiero ir a ver a/ir a casa de **mi amiga.**
Ich möchte zu meiner Freundin.
~~Quiero **ir a** mi amiga.~~

ir a
besuchen

~~**visitar**~~

Bei ärztlichen Besuchen und bei Veranstaltungen verwendet man nicht **visitar**, sondern einfach **ir a**.

Si te duele la muela, ve a un dentista.
Wenn du Zahnweh hast, besuch einen Zahnarzt.
~~Si te duele la muela **visita** a un dentista.~~

irse
weggehen, fortgehen, einen Ort verlassen

~~**ir**~~

Das Verb **ir** *(gehen, fahren)* fokussiert auf die Richtung. Im Gegensatz dazu drückt die reflexive Form **irse** die Trennung von einem Ort aus. Im unteren Beispiel würde die Mutter bei der falschen Aussage verstehen, dass ihr Kind zu ihr kommt und nicht von ihr weg geht.

Mamá, ¡ya me voy!
Mutter, ich gehe!
~~Mamá, ¡ya **voy**!~~

irse/ marcharse (de)
fortgehen, einen Ort verlassen

~~**abandonar, quitar**~~

Sucht man im Wörterbuch, findet man unter *verlassen* **abandonar**, aber dieses Verb bezieht sich auf Personen oder auf Situationen, die man fluchtartig oder in einem desolaten Zustand verlässt, nicht auf Orte. Die zweite Verwechslung stammt aus dem Französischen *quitter (Ort verlassen)*.

¿Por qué os vais/marcháis de la fiesta tan temprano?
Warum verlasst ihr die Party so früh?
~~¿Por qué **abandonáis/quitáis** la fiesta tan temprano?~~

BLITZQUIZ

Hija, hace mucho que no te veo. ¿Cuándo ________ a visitarme?

- **A** vienes
- **B** vas

ir(se) de vacaciones
in den Urlaub fahren

~~**ir en vacaciones**~~

Ir(se) de wird in bestimmten festen Kombinationen gebraucht: **ir(se) de vacaciones** *(in den Urlaub fahren)*, **ir(se) de compras** *(einkaufen gehen)*, **ir(se) de viaje** *(verreisen)*. Das reflexive **-se** wird zur Bekräftigung verwendet.

¿Adónde os vais de vacaciones?
Wohin fahrt ihr in den Urlaub?
~~¿Adónde os vais en vacaciones?~~

llegar
ankommen, einen Ort erreichen

~~**arribar, llevar**~~

Arribar ist zwar ähnlich zum englischen *arrive (ankommen)*, wird aber hauptsächlich für Schiffe verwendet und bedeutet *einlaufen*. **Llevar** *(mitnehmen)* für **llegar** ist ein häufiger Fehler und beruht auf der Ähnlichkeit der Wörter.

¿A qué hora llegas del trabajo?
Wann bist du von der Arbeit zurück?
~~¿A qué hora **arribas/llevas** del trabajo?~~

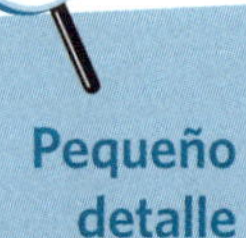

Pequeño detalle

Die Ortsadverbien **aquí** *(hier[hin])* und **allí** *(dort[hin])* deuten wie Richtungsverben auf den Standort des Sprechers / der Sprecherin. Zum Beispiel:

Weg vom Sprecher/der Sprecherin:

¿Sabes cómo llegar/ir allí?
Weißt du, wie man dorthin fährt?
~~¿Sabes cómo **llegar/venir aquí**?~~

Zum Sprecher / zur Sprecherin hin:

¿Sabes cómo llegar/venir aquí?
Weißt du, wie man hierher kommt?
~~¿Sabes cómo **llegar/ir allí**?~~

Lösung Blitzquiz
A

aterrizar en
landen

~~aterrar a~~

Diese Verwechslung ergibt einen lustigen Fehler: **Aterrar** bedeutet *in Schrecken versetzen.* Beim Landen **(aterrizar)** verwendet man zudem die Präposition **en**, weil man sich schon dort befindet.

Aterrizamos en una ciudad iluminada.
Wir landeten in einer beleuchteten Stadt.
~~**Aterramos a** una ciudad iluminada.~~

llevar
bringen

~~traer~~

Bei der Planung einer Party soll Sonia das Bier dorthin *mitbringen* **(llevar)**. **Traer** würde im Beispiel verwendet werden, wenn jemand vom Ort der Party Sonia telefonisch auffordert, Bier *herzubringen.*

Sonia, lleva cerveza a la fiesta, ¿vale?
Sonia, bring Bier zur Party mit, okay?
~~Sonia, **trae** cerveza a la fiesta, ¿vale?~~

llevar
bringen, [mit] nehmen, ausführen

~~prender~~

Jasmin: Este es el lugar perfecto para prender a tu novia.
Iker: Huy, ¿pero tú estás loca?

Ikers Reaktion erklärt sich so: **Prender** bedeutet *festnehmen, befestigen* oder *festbinden.* Jasmin wollte ihm einen idealen Ort zeigen, an den man die geliebte Person ausführen könne. Sie ist jedoch auf den falschen Freund vom Französischen *prendre (mitnehmen)* hereingefallen!

Héctor llevó a Amanda a un hotel romántico.
Héctor brachte Amanda in ein romantisches Hotel.

La policía prendió al ladrón.
Die Polizei hat den Dieb festgenommen.

la salida
der Ausgang/ die Ausfahrt

~~**el éxito**~~

Diese Verwechslung kommt vom Englischen *exit (Ausgang)* und ergibt eine ungewollt lustige Aussage, denn **éxito** bedeutet *Erfolg*.

Perdone, ¿dónde está la salida?
Entschuldigen Sie, wo ist der Ausgang?
~~Perdone, ¿dónde está **el éxito**?~~

volver/ regresar
zurückkehren, zurückkommen

~~**revolver, revenir**~~

Revolver heißt *umrühren, aufwühlen, durcheinander bringen*. **Revenir** ist im Spanischen ein Fachbegriff der Metallverarbeitung und bedeutet *anlassen (härten)*.

Volveremos/Regresaremos mañana.
Wir kehren morgen zurück.
~~**Revolveremos** mañana.~~

ir en
(Verkehrsmittel) fahren

~~**ir con el/la**~~

Fortbewegung mit einem Fahrzeug wird mit **ir en** ausgedrückt. **Ir con** deutet auf die Begleitung: **Voy con la vecina.** *(Ich gehe/fahre mit der Nachbarin).*

Cada día voy en autobús al trabajo.
Jeden Tag fahre ich mit dem Bus zur Arbeit.
~~Cada día voy **con el autobús** al trabajo.~~

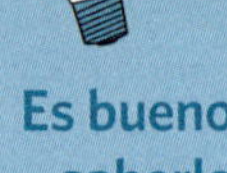

Es bueno saberlo

Die ältesten Fortbewegungsformen werden mit **ir a** ausgedrückt: **ir a pie** *(zu Fuß gehen)*, **ir a caballo** *(zu Pferde reiten)*. Kurioserweise wird beim Esel aber auch **ir en** verwendet: **ir en burro** *(auf dem Esel reiten)*.

el coche
das Auto

~~* **la coche**~~

Im Italienischen und Französischen ist das Auto weiblich, aber im Spanischen männlich.

Voy a aparcar el coche.
Ich werde das Auto parken.
~~Voy a aparcar **la coche**.~~

el tranvía
die Straßenbahn

~~* **la tranvía**~~

La vía *(die Schiene)* ist zwar weiblich, aber die Straßenbahn (**tranvía**) männlich, vielleicht weil das Wort mit **el tren** *(der Zug)* verwandt ist.

El tranvía llega hasta la plaza central.
Die Straßenbahn fährt bis zum Marktplatz im Zentrum.
~~**La tranvía** llega hasta la plaza central.~~

?!

QUIZ

Fortbewegung und Verkehrsmittel

	A	B
1. El sábado ______ un concierto fantástico.	❍ A fui a	❍ B visité
2. El jefe tiene que viajar frecuentemente ______ extranjero.	❍ A al	❍ B en el
3. Me encanta ir ______ mis abuelos, los quiero mucho.	❍ A a	❍ B a ver a
4. Es más ecológico ir ______ bicicleta.	❍ A con la	❍ B en
5. Emma se puso muy nerviosa porque no encontraba ______ del aeropuerto.	❍ A el éxito	❍ B la salida

Lösungen
1. A, 2. A, 3. B, 4. B, 5. B

FEHLER NACH THEMEN

13. Ortsangabe

¿dónde está?
wo ist …?

~~¿dónde es?~~

Man verwendet das Verb **estar**, um den Ort anzugeben, an dem sich bestimmte Sachen oder Personen befinden.

¿Dónde estás, Pilar?
Wo bist du, Pilar?
~~¿Dónde eres, Pilar?~~

estar en
in/an/auf sein

~~estar a~~

Mit **estar** lassen sich Wörter wie **dónde** *(wo)*, **aquí/ahí** *(hier/dort)* oder Ortspräpositionen wie **en** *(in, an, auf)* kombinieren. **A** geht nicht, weil diese Präposition eine Richtung angibt.

¿Estás en casa?
Bist du zu Hause?
~~¿Estás a casa?~~

ahí
hier/da

~~* aquí~~

Aquí *(hier)* deutet auf einen Ort in der unmittelbaren Nähe des Sprechers/der Sprecherin, **ahí** eher auf einen Ort in tatsächlicher oder geistiger Nähe des Zuhörers / der Zuhörerin. Je nach Kontext wird es mit *hier*, *da* oder *dort* übersetzt. **Allí** *(dort)* bezieht sich auf einen Ort weiter weg.

¡Ahí está tu problema!
Hier/Da liegt dein Problem!
~~¡Aquí está tu problema!~~

¡Ojo!

Diesen Ortsadverbien entsprechen die Demonstrativbegleiter bzw. -pronomen je nach Entfernung vom Sprecher/von der Sprecherin wie folgt:

este/-a (entspricht **aquí**) *diese/r hier (nahe bei mir)*
ese/-a (entspricht **ahí**) *diese/r da (nahe bei dir)*
aquel/aquella (entspricht allí) *der/die dort/da drüben*

aquí/ahí hay un/una...
hier/dort ist/ gibt es ein/e

~~* aquí/ahí está un/una~~

In Kombination mit den oben genannten Ortsadverbien oder mit weiteren Ortsangaben verwendet man bei unbestimmten Personen oder Sachen nicht das Verb **estar**, sondern **hay**. Das ist der Fall z. B. bei einem Substantiv ohne Artikel oder mit dem unbestimmten Artikel **un/una** *(ein/e)*, einer Zahl oder einer Mengenangabe wie **muchos** *(viele)*.

En la plaza hay una farmacia.
Auf dem Platz gibt es eine Apotheke.
~~En la plaza está una farmacia.~~

estuve en
ich war in

~~fui en~~

Eine sehr häufige Verwechslung entsteht dadurch, dass die Vergangenheitsform von **ir** *(fahren, gehen)* und **ser** *(sein)* die gleiche ist. Wenn man irgendwo war, kann man im Spanischen entweder den Weg dorthin **(fui a)** oder den Aufenthalt am Ort **(estuve en)** hervorheben. **Fui en** ergibt nur Sinn in Kombination mit Verkehrsmitteln, z. B. **fui en tren** *(ich fuhr mit dem Zug)*.

El fin de semana pasado estuve en un concierto.
Am letzten Wochenende war ich auf einem Konzert.
~~El fin de semana pasado fui en un concierto.~~

BLITZQUIZ
Hoy estoy muy distraído, ¡no sé dónde _______ mi cabeza!

- A está
- B es

quedarse en
in ... bleiben

~~quedar en, * restar en~~

Quedar (ohne das Reflexivpronomen **se**) heißt *sich verabreden* und **restar** *abziehen, übrig bleiben* oder *subtrahieren*, und nicht *bleiben* wie im Französischen *rester.*

Nos gustaría quedarnos un rato más aquí.
Wir würden gerne noch eine Weile hierbleiben.
~~Nos gustaría **quedar/restar** un rato más aquí.~~

el evento es/ tiene lugar en
das Event ist/ findet statt in

~~* el evento está en~~

Achtung, eine Ausnahme! Im Sinne von *stattfinden* wird der Ort konkreter Veranstaltungen mit **ser** oder mit **tener lugar** *(stattfinden)* angegeben.

La fiesta será/tendrá lugar en la casa de Patricia.
Die Party wird in Patricias Haus sein/stattfinden.
~~La fiesta **estará en** la casa de Patricia.~~

Es bueno saberlo

Möchte man auf Spanisch ausdrücken, wo etwas oder jemand Bestimmtes sich befindet, dann ist der bevorzugte Ausdruck **estar en** *(in ... sein)*, unabhängig von dessen Lage oder Position. Die deutsche Sprache ist in der Hinsicht sehr exakt und verwendet verschiedene Verben und Präpositionen. Vergleiche:

El cuadro está en la pared.
Das Bild hängt an der Wand.

El salero está en la mesa.
Der Salzstreuer steht auf dem Tisch.

Julio está en la playa.
Julio liegt am Strand.

El señor Bauer está en la oficina.
Herr Bauer sitzt im Büro.

Lösung Blitzquiz
A

estar sentado/-a
sitzen

~~**sentarse**~~

Sentarse bedeutet *sich hinsetzen* und beschreibt die Bewegung hin zum Stuhl, **estar sentado** *(sitzen)* das Ergebnis (man hat sich hingesetzt).

En esta foto estoy sentada al lado de mi madre.
Auf diesem Foto sitze ich neben meiner Mutter.
~~En esta foto **me siento** al lado de mi madre.~~

estar acostado/-a
liegen

~~**acostarse**~~

Parallel dazu: **Acostarse** *(sich hinlegen)* deutet auf die Bewegung hin zur Horizontalen. Im Beispiel staunt man darüber, dass der andere noch so spät im Bett lag; im durchgestrichenen Beispiel über die Bettgehzeit, die der andere pflegt.

¿Todavía estás acostado a estas horas?
Liegst du um diese Uhrzeit noch im Bett?
~~¿Todavía **te acuestas** a estas horas?~~

estar de pie
(aufrecht) stehen

~~**estar en pie**~~

Luise: Uf, hoy tengo que estar en pie toda la tarde.
Bruno: ¿Por qué? ¿Qué problema tienes?

Luise wollte darauf hinweisen, dass sie *stehen* **(estar de pie)** muss, im Kontrast zum Liegen oder Sitzen. Der Ausdruck **estar en pie** wird hingegen für Sachen oder Personen verwendet und bedeutet, dass sie *noch stehen/noch gelten* oder dass sie den *Widrigkeiten standgehalten haben*. Für Personen kann **estar en pie** zudem *sich erholen, auf die Beine kommen* bedeuten.

Muchos/as dependientes están de pie muchas horas.
Viele Verkäufer/innen stehen viele Stunden lang.

Mi antigua escuela todavía está en pie después del terremoto.
Meine alte Schule steht noch nach dem Erdbeben.

lejos
weit entfernt

~~* lejo~~

Vielleicht weil **cerca** *(nahe gelegen, in der Nähe)* auf Vokal endet, wird bei **lejos** das -**s** oft vergessen.

La estación de trenes, ¿está lejos?
Ist der Bahnhof weit weg?
~~La estación de trenes, ¿está **lejo**?~~

a … m/km (de aquí)
… Meter/ Kilometer von hier entfernt

~~* … m/km lejos (de aquí)~~

Gibt man eine Entfernung an, dann verwendet man diesen festen präpositionalen Ausdruck.

La playa está a solo 300 metros de la casa.
Der Strand ist nur 300 Meter vom Haus entfernt.
~~La playa está solo 300 **metros lejos de la casa**.~~

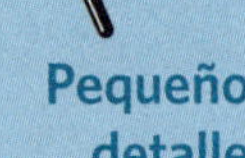

Pequeño detalle

Man kann eine Entfernung auch anhand der Zeit angeben, die man braucht, um dorthin zu gelangen: **La playa está a solo cinco minutos de la casa.** *(Der Strand ist nur fünf Minuten vom Haus entfernt).*

delante de la entrada
vor dem Eingang

~~* antes la entrada~~

Antes *(vor)* bezieht sich auf Zeit; die örtliche Präposition *vor* ist **delante**. Beide haben **de** dahinter.

Podemos sentarnos delante de la chimenea.
Wir können uns vor dem Kamin hinsetzen.
~~Podemos sentarnos **antes** la chimenea.~~

detrás de la puerta
hinter der Tür

~~* después la puerta~~

Parallel dazu: **detrás** *(hinter)* ist örtlich, **después** *(nach)* zeitlich. Beide haben **de** dahinter.

No me has visto porque estoy detrás de ti.
Du hast mich nicht gesehen, da ich hinter dir stehe.
~~No me has visto porque estoy **después** de ti.~~

encima de/ sobre
auf dem Tisch

~~* encima la mesa, * sobre de la mesa~~

Achtung auf die zusätzliche Präposition bei **encima de** *(auf)*, aber nicht bei **sobre** *(auf, über)*. Mit **encima de** heben Sie hervor, dass eine Sache oder Person die Fläche, auf der sie liegt, berührt. Bei **sobre** kann es einen physischen Kontakt geben oder auch nicht.

Has dejado tus gafas encima de/sobre la cómoda.
Du hast deine Brille auf der Kommode liegen lassen.
~~Has dejado tus gafas encima/sobre de la cómoda.~~

	A	B
1. Ven a jugar conmigo, Paquito, ¡mis padres no están ______ casa!	❍ A en	❍ B a
2. En la esquina ______ un quiosco, ahí puedes comprar revistas.	❍ A está	❍ B hay
3. Tengo tanto trabajo, que hoy ______ en la oficina hasta muy tarde.	❍ A restaré	❍ B me quedaré
4. El centro comercial está más o menos ______ de aquí.	❍ A 3 km lejos	❍ B a 3 km
5. Los niños se han escondido ______ la cortina.	❍ A después	❍ B detrás de
6. Ven, abuelo, te hago sitio en el sofá. Así no tienes que estar ______ pie.	❍ A de	❍ B en
7. ¡Tengo mucha sed! ¿Dónde ______ la cerveza que compré ayer?	❍ A está	❍ B es

Lösungen
1. A, 2. B, 3. B, 4. B, 5. B, 6. A, 7. A

FEHLER NACH THEMEN

14. Wetter

el tiempo
das Wetter

~~el clima~~

Tiempo heißt auf Spanisch *Zeit*, aber auch *Wetter!* Aber: Das generelle Wetter einer bestimmten Region ist **el clima. El tiempo** deutet auf das veränderliche/momentane Wetter hin.

Qué maravilla, ¡hoy hace un tiempo espléndido!
Wie toll, heute gibt es super Wetter!
~~Qué maravilla, ¡hoy hace **un clima** espléndido!~~

¡Ojo!

Wörter, die aus dem Griechischen stammen und auf **-ma** enden, sind im Spanischen maskulin: **el clima** *(das Wetter)*, **el problema** *(das Problem)*, **el tema** *(das Thema)* usw.

hace calor
es ist warm/heiß

~~* es caldo~~

Das momentane Wetter beschreibt man auf Spanisch mit **hace** *(wörtlich: es macht)* zusammen mit Substantiven wie **calor** *(Wärme)*, **frío** *(Kälte)* oder **sol** *(Sonne)*. Aufgepasst: **caldo** heißt auf Spanisch *Brühe*!

Creo que va a hacer calor toda la semana.
Ich glaube, es wird die ganze Woche warm/heiß sein.
~~Creo que va a **ser caldo** toda la semana.~~

hace mucho frío
es ist sehr kalt

~~es muy frío~~

Die Intensität des Wetters wird anhand von Infinitivbegleitern wie **mucho** *(wörtlich: viel)*, **poco** *(wenig)*, **bastante** *(ziemlich viel)* oder **demasiado** *(zu viel)* angegeben.

¡Ponte una gorra, que afuera hace mucho frío!
Zieh eine Mütze an, draußen ist es sehr kalt!
~~¡Ponte una gorra, que afuera **es muy frío**!~~

hay niebla
es ist neblig

~~* **hace niebla**~~

Bei einigen Wetterphänomenen verwendet man **hay** *(es gibt)* statt **hace**. Das ist der Fall bei **niebla** *(Nebel)*, **chubascos** *(Regenschauer)* oder **tormenta** *(Sturm/Gewitter)*.

Hay que conducir con cuidado porque hay niebla.
Man muss vorsichtig fahren, da es neblig ist.
~~Hay que conducir con cuidado porque **hace niebla**.~~

la tormenta
der Sturm, das Gewitter

~~**el tormento**~~

Achtung, im Deutschen ist der *Sturm* männlich, aber im Spanischen ist er weiblich. **Tormento** bedeutet *Folter* bzw. *Qual*, da kann schon ein Missverständnis entstehen!

Esperemos hasta que termine la tormenta.
Warten wir ab, bis der Sturm/das Gewitter vorbei ist.
~~Esperemos hasta que termine **el tormento**.~~

Es bueno saberlo

Gewitter ist eigentlich von Blitz und Donner **(rayos y truenos)** gekennzeichnet. Dies kann man mit **tormenta eléctrica** *(wörtlich: elektrischer Sturm)* beschreiben.

está nublado
es ist bewölkt

~~* **es nublado**~~

Mit **está** beschreibt man den momentanen Zustand des Himmels.

En esta montaña con frecuencia está nublado.
Auf diesem Berg ist es häufig bewölkt.
~~En esta montaña con frecuencia **es nublado**.~~

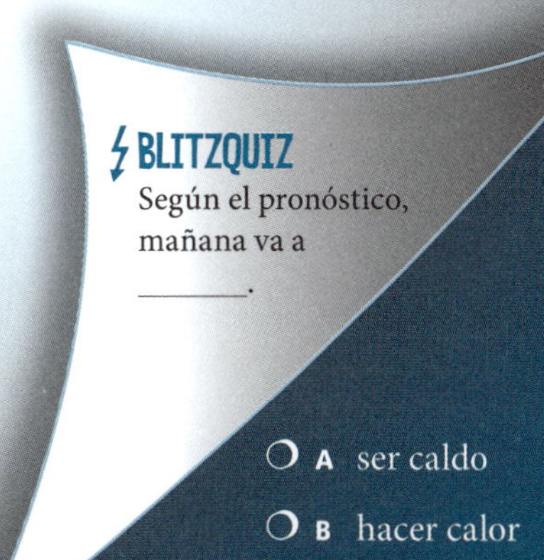

llover
regnen

~~* hacer lluvia~~

Beim Wetter gibt es ein paar eigenständige Verben, die natürlich nur in der 3. Person vorkommen: **llover** *(regnen)*, **nevar** *(schneien)* und **granizar** *(hageln)*.

Ha llovido todo el día.
Es hat den ganzen Tag geregnet.
~~Ha hecho lluvia todo el día.~~

dejar de llover
aufhören zu regnen

~~* terminar de llover~~

Bessert sich das Wetter, dann nimmt man nicht das Verb **terminar** *(beenden)*, sondern **dejar** *(aufhören)*.

Qué bien, ¡por fin ha dejado de llover!
Wie schön, endlich hat es aufgehört zu regnen!
~~Qué bien, ¡por fin ha terminado de llover!~~

tener calor
jemandem heiß sein

~~estar caliente~~

Nele: Uf, ¡qué caliente estoy!
Antonio: Chica… Bueno, ¡pero qué sincera eres!

Antonio bleibt wahrscheinlich die Spucke weg, wenn Nele aus heiterem Himmel ausruft, dass sie *geil* ist! Das ist ein peinlicher Fehler, denn ihre beabsichtigte Aussage war ganz harmlos und bezog sich auf die Außentemperatur. **Estar caliente** bedeutet bei Sachen, dass etwas momentan *heiß ist.* Bei Personen hat diese Aussage eine sexuelle Assoziation!

¿No tienes calor con ese jersey?
Ist dir nicht heiß mit diesem Pulli?

Cuidado, el té está muy caliente.
Achtung, der Tee ist sehr heiß.

Lösung Blitzquiz
B

tener frío
jemandem kalt sein

~~estar frío~~

Wie im vorherigen Beispiel wird die gefühlte Temperatur mit **tener** *(haben)* angegeben.

Tengo frío, **me voy a preparar una sopa caliente.**
Mir ist kalt, ich werde mir eine warme Suppe machen.
~~Estoy frío, me voy a preparar una sopa caliente.~~

Pequeño detalle

Caliente wird je nach Kontext als *warm* oder *heiß* interpretiert, aber es gibt andere Möglichkeiten, diesen Unterschied auszudrücken, zum Beispiel anhand einer Nachsilbe wie bei **hace calorcito** *(es ist schön warm)* oder mit einem Adjektiv wie bei **hace un calor terrible** *(es ist schrecklich heiß).*

		A	B
1.	Ayer hizo mal _____.	❍ A clima	❍ B tiempo
2.	Si no _____ de llover, no podremos ir a la playa.	❍ A deja	❍ B termina
3.	¡Qué _____! Me gustaría tener aire acondicionado.	❍ A calor tengo	❍ B caliente estoy
4.	Se han caído muchas ramas de los árboles por _____,	❍ A el tormento	❍ B la tormenta
5.	En invierno, ¿ _____ frío en tu país?	❍ A hace mucho	❍ B es muy

Lösungen
1. B, 2. A, 3. A, 4. B, 5. A

FEHLER NACH THEMEN

15. Zeitangelegenheiten

primero
zuerst, zunächst, erstens

~~de primero~~

In einer Reihenfolge fängt man mit **primero** an. **De primero** wird nur beim Essen verwendet, es verkürzt die Wendung **de primer plato** *(als erster Gang)*, ist also als Ausdruck bei einer Erzählung oder einer Präsentation fehl am Platz!

Primero voy a resumir la situación general.
Zuerst werde ich die allgemeine Situation zusammenfassen.
~~De primero voy a resumir la situación general.~~

¡Ojo!

Primero *(erster)* und **tercero** *(dritter)* werden vor einem männlichen Substantiv im Singular gekürzt, daher heißt es **primer año** *(erstes Jahr)* oder **tercer piso** *(drittes Stockwerk)*.

después/ luego/a continuación
danach, dann/ im Anschluss

~~pues/entonces~~

Die nachfolgenden (Erzähl-)Punkte leitet man mit **después** oder **luego** ein. **Pues** und **entonces** bedeuten *dann*, wenn sie eine Folge ausdrücken, z. B. **¿Es tan difícil? Pues/Entonces no lo hagas.** *(Ist es so schwierig? Dann mach es nicht.)*

Después/Luego/A continuación les presentaré el organigrama.
Danach werde ich das Organigramm vorstellen.
~~Pues/Entonces les presentaré el organigrama.~~

Es bueno saberlo

Entonces in Kombination mit dem Imperfekt bedeutet *damals:* **De joven viví en la Ciudad de México. Entonces no era tan enorme.** *(Als ich jung war, lebte ich in Mexiko Stadt. Damals war sie nicht so groß).*

después de
nach

~~**después**~~

Folgt ein Substantiv oder ein Infinitiv, dann braucht man nach **después** die Präposition **de**.

Después del partido iremos a cenar.
Nach dem Spiel werden wir essen gehen.
~~Después el partido iremos a cenar.~~

ahora
nun

~~**pues**~~

Pues als Füllwort wird als *nun* übersetzt und (ähnlich wie das Englische *well*) gibt einem etwas Zeit zum Nachdenken. **Pues** ist jedoch kein Zeitadverb der Gegenwart wie das deutsche *nun*.

Mira, ahora llega el avión a la terminal.
Schau, nun kommt das Flugzeug zum Terminal.
~~Mira, **pues** llega el avión a la terminal.~~

desde hace
seit
(+ Zeitraum)

~~**desde, para**~~

Seit hat im Spanischen zwei Entsprechungen. Läuft bzw. hält eine Tätigkeit, ein Ereignis oder ein Zustand seit einem „Zeitraum" an, verwendet man **desde hace** (s. u.). **Para** *(für)* ist in diesem Zusammenhang ungeeignet!

Irma trabaja aquí desde hace dos semanas.
Irma arbeitet hier seit zwei Wochen.
~~Irma trabaja aquí **desde/para** dos semanas.~~

¡Ojo!

Man spricht von einem „Zeitraum", wenn eine Anzahl bzw. Menge von einer bestimmten Zeiteinheit (z. B. **diez minutos** *(zehn Minuten)*, **un mes** *(ein Monat)* **muchos años** *(viele Jahre)* oder **poco tiempo** *(wenig Zeit)* angegeben wird. Ein „Zeitpunkt" deutet dagegen auf das Einsetzen einer Tätigkeit, ein Ereignis oder einen Zustand hin, z. B. **ayer** *(gestern)*, **ese momento** *(dieser Moment)*, **2018** oder **esta semana** *(diese Woche)*.

desde
seit
(+ Zeitpunkt)

~~**desde hace**~~

In Kombination mit einem Zeitpunkt heißt *seit* **desde**.

Esta oferta es válida desde el lunes pasado.
Dieses Angebot ist seit letztem Montag gültig.
~~Esta oferta es válida **desde hace** el lunes pasado.~~

hace
vor
(+ Zeitraum)

~~**desde hace, antes**~~

Auch das zeitliche *vor* hat im Spanischen zwei Entsprechungen; mit Zeiträumen (s. o.) heißt es **hace** *(wörtlich: es macht)*. Manchmal kommt bei der Verwechselung eine ungewollt lustige Aussage heraus: In unserem Beispiel würde die fehlerhafte Aussage bedeuten, dass der Partner Irma schon monatelang schwängert! **Antes** heißt *vorher*, nicht *vor*.

Irma se quedó embarazada hace tres meses.
Irma ist vor drei Monaten schwanger geworden.
~~Irma se quedó embarazada **desde hace/antes** tres meses.~~

Pequeño detalle

Möchte man die ab dem Anfang einer Tätigkeit bzw. eines Zustandes oder ab dem Eintreten eines Ereignisses vergangene Zeit betonen, kann man die Konstruktion **hace** + Zeitraum + **que** verwenden: **Hace (ya) un año que Lázaro dejó de fumar.** *(Es ist [schon] ein Jahr vergangen, seidem Lázaro zu rauchen aufgehört hat.)*; **Hace mucho que vivo aquí.** *(Ich wohne hier seit langem.)*

antes de
vor
(+ Zeitpunkt)

~~**antes**~~

Vor mit Zeitpunkt heißt **antes de**. **Antes** ohne Präposition heißt *vorher*.

Tenemos que terminar antes de las ocho.
Wir müssen vor acht Uhr fertig werden.
~~Tenemos que terminar **antes** las ocho.~~

dos días/ por/durante dos días
für zwei Tage/ zwei Tage lang

~~**para dos días**~~

Die Übersetzung von *für* bereitet vielen Spanischlerner/innen Kopfzerbrechen! Die Dauer kann mit **por** *(für)*, **durante** *(... lang)* oder – noch besser! – ganz ohne Präposition angegeben werden.

Me quedé ahí dos días/por/durante dos días.
Ich bin dort für zwei Tage/zwei Tage lang geblieben.
~~Me quedé ahí **para dos días**.~~

para
für (beabsichtigte Dauer)

~~**por**~~

Dieser Gebrauch von **para** *(für)* kommt selten vor, und zwar nur dann, wenn man über eine beabsichtigte oder geplante Dauer spricht. Mit **por** im Beispiel würde man sagen, dass das Reservieren vier Tage lang andauern soll!

Reserve por favor un chalé para cuatro días.
Reservieren Sie bitte ein Ferienhaus für vier Tage.
~~Reserve por favor un chalé **por cuatro días**.~~

durante
während

~~**mientras**~~

Für *während* verwendet man **durante**, wenn ein Substantiv folgt. Folgt ein Verb, dann heißt es **mientras**. (Vergleiche den Unterschied im Englischen zwischen *during* und *while*.)

Siempre leo mucho durante las vacaciones.
Ich lese viel während des Urlaubs.
~~Siempre leo mucho **mientras** las vacaciones.~~

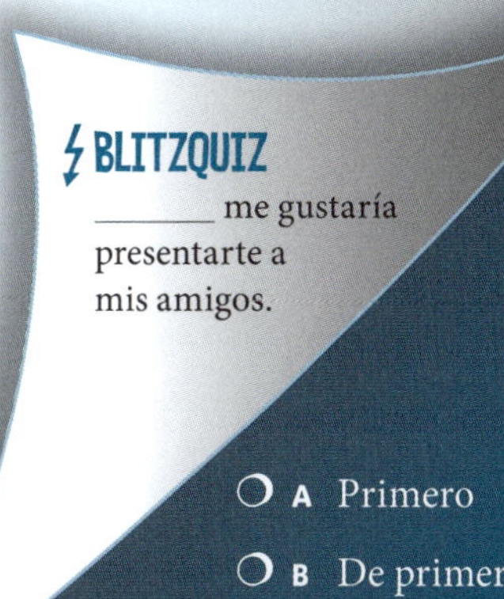

¿qué hora es?
wie spät ist es?

~~*¿qué tarde es?~~

Sascha: ¿Qué tarde es?
Laia: No, no es para tanto. Todavía hay tiempo.

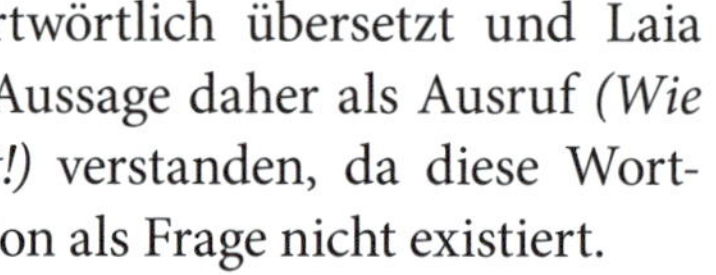

Sascha ist verdutzt: Er wollte eigentlich die Uhrzeit wissen, aber er hat die deutsche Frage wortwörtlich übersetzt und Laia hat seine Aussage daher als Ausruf *(Wie spät es ist!)* verstanden, da diese Wortkombination als Frage nicht existiert.

Perdón, ¿qué hora es?
Entschuldigung, wie spät ist es?

¡Qué tarde es! Se nos ha ido el tiempo volando.
Wie spät es ist! Die Zeit ist verflogen.

¿a qué hora?
wann (um wieviel Uhr)?

~~¿cuándo?~~

Achtung, hier sind zwei verschiedene Fragen am Werk! Mit **¿a qué hora?** fragt man, um wie viel Uhr das Kino anfängt. Mit **¿cuándo?** dagegen fragt man, an welchem Tag die Kinovorstellung läuft.

- **¿A qué hora empieza la película?** – **A las nueve.**
- *Wann fängt der Film an?* – *Um neun.*

- **¿Cuándo empieza la serie?** – **El sábado.**
- *Wann fängt die Serie an?* – *Am Samstag.*

es la una
es ist ein Uhr

~~*son las una~~

Für die Uhrzeitangabe nimmt man meistens die Wendung **son las** im Plural, z. B. **son las diez y cuarto** *(es ist Viertel nach zehn)*. Bei **la una** nimmt man aber logischerweise den Singular!

Creo que todavía no es la una.
Ich glaube, es ist noch nicht ein Uhr.
~~Creo que todavía no **son las una**.~~

Lösung Blitzquiz
A

las ocho y media
halb neun

~~* las ocho y medio~~

Bei der Uhrzeit nimmt man die weibliche Form, weil man sich auf **media hora** *(halbe Stunde)* bezieht.

Tengo cita con el médico a las ocho y media.
Ich habe um halb neun einen Arzttermin.
~~Tengo cita con el médico a **las ocho y medio**.~~

las dos de la tarde
zwei Uhr nachmittags

~~* las dos en/por la tarde~~

Die genaue Uhrzeit wird anhand der Präposition **de** angegeben. Dazu kommt **la mañana** *(vormittags)*, **la tarde** *(nachmittags)* oder **la noche** *(abends/nachts)* hinzu.

Violeta siempre almuerza a las dos de la tarde.
Violeta isst immer um zwei Uhr nachmittags zu Mittag.
~~Violeta siempre almuerza a **las dos en/por la tarde**.~~

Pequeño detalle

Die Präposition **por** wird für ungefähre Zeitangaben ohne Uhrzeit verwendet. In Lateinamerika ist hierzu auch **en** üblich: **Por/En la tarde podrías dar un paseo.** *(Nachmittags könntest du einen Spaziergang machen).*

las tres de la mañana/ madrugada
drei Uhr morgens

~~* las tres de la noche~~

Für Spanischsprecher/innen fängt der nächste Tag um 1:00 Uhr an, d. h. ab da gilt für die ganz frühen Stunden **de la madrugada** *(früh morgens, wörtlich: bei Tagesanbruch)* oder de **la mañana** *(vormittags)*.

Bailamos hasta las tres de la mañana/madrugada.
Wir haben bis um drei Uhr nachts getanzt.
~~Bailamos hasta **las tres de la noche**.~~

BLITZQUIZ
Chico, ¿por qué llegas a ______ una y media de la mañana?

A las

B la

las ocho y media de la noche/ las veinte treinta (horas)
20:30 Uhr

~~* las veinte y media~~

In der Alltagssprache zählen Spanischsprecher/innen zwei Mal bis 12:00 (s. o.). Bei offiziellen Zeitangaben, z. B. bei Flügen, ist auch die 24-Stunden-Zählung gebräuchlich. Man mischt aber nicht: **Y media** *(halb)* oder **menos cuarto** *(Viertel vor)* werden nur bei der informellen Zeitangabe verwendet.

El avión sale a las cuatro y cuarto de la tarde/a las dieciséis quince.
Der Flieger geht um 16:15.
~~El avión sale a las a las dieciséis y cuarto.~~

en punto
Punkt X Uhr

~~a punto~~

Möchte man den genauen Zeitpunkt angeben, dann mit der Präposition **en. Estar a punto de** + Infinitiv ist eine Verbalkonstruktion, die *im Begriff sein, etwas zu tun bedeutet.*

Cenicienta tenía que irse a las doce en punto.
Aschenbrödel musste um zwölf Uhr gehen.
~~Cenicienta tenía que irse a las doce a punto.~~

ser puntual
pünktlich sein

~~* estar punctual~~

Pünktlichkeit ist eine Charaktereigenschaft, kein Zustand, daher mit **ser** *(sein)*. Obacht beim Adjektiv, es hat kein **c**!

En el trabajo es importante ser puntual.
Bei der Arbeit ist es wichtig, pünktlich zu sein.
~~En el trabajo es importante estar punctual.~~

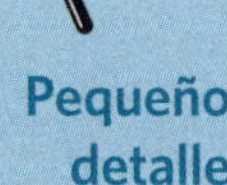

Pequeño detalle

Wenn Sie bei einer Veranstaltung pünktlich da sein sollen, können Sie den letzten Ausdruck verwenden, z. B. **tienes que ser puntual** *(du musst pünktlich sein)* oder, wenn Sie *pünktlich kommen* meinen, **tienes que llegar puntual/ llegar a tiempo.**

Lösung Blitzquiz
B

el lunes
am Montag

~~* en el lunes~~

Wochentage werden ohne Präposition angegeben.

Alba empieza el lunes en otro departamento.
Alba fängt am Montag in einer anderen Abteilung an.
~~Alba empieza **en el lunes** en otro departamento.~~

en diciembre
im Dezember

~~* en el diciembre~~

Monate werden ohne Artikel angegeben.

La Semana Santa cae este año en abril.
Die Karwoche fällt in diesem Jahr auf den April.
~~La Semana Santa cae este año **en el abril**.~~

este año
in diesem Jahr

~~* en este año~~

Auch wenn ein Demonstrativpronomen wie **este** *(dieser)* oder Adjektive wie **próximo** *(nächster)* oder **pasado** *(vergangener, letzter)* dabeistehen, braucht man bei einer Zeitangabe keine Präposition.

Este año queremos duplicar las ganancias.
In diesem Jahr möchten wir die Gewinne verdoppeln.
~~**En este año** queremos duplicar las ganancias.~~

Es bueno saberlo

Bei einer präzisen, bestimmten Zeitangabe wird **en** verwendet, z.B. **En el verano de 2004 nació mi hermano.** *(Im Sommer 2004 ist mein Bruder geboren.)*

el fin de semana
das Wochenende

~~* la fin de (la) semana~~

Achtung! Im Französischen ist das Wochenende weiblich, aber nicht so im Spanischen.

¿Qué vais a hacer el fin de semana?
Was werdet ihr am Wochenende tun?
~~¿Qué vais a hacer **la fin de (la) semana**?~~

el fin de semana (pasado)
am (letzten) Wochenende/ übers (letzte) Wochenende

~~* **sobre el fin de (la) semana (pasada)**~~

Im Spanischen ist diese Konstruktion sehr einfach! Nur muss man bedenken, dass das Adjektiv **pasado** *(vergangener, letzter)* männlich sein muss, da es mit **el fin** *(das Ende)* und nicht mit **la semana** *(die Woche)* übereinstimmt.

El fin de semana (pasado) estuvimos en la playa.
Wir waren am/übers Wochenende am Strand.
~~Sobre el fin de (la) semana (pasada) estuvimos en la playa.~~

siguiente
nächste/r/s

~~**próximo/-a**~~

Próximo/a, heißt *nächste/r/s,* aber wird nur verwendet, um aus der Gegenwart der/die/das nächste in der Zukunft zu beschreiben. Ansonsten verwendet man **siguiente** *(darauffolgende/r/s, nächste/r/s).*

Al día siguiente tuvimos que limpiar todo.
Am nächsten Tag mussten wir alles saubermachen.
~~Al **próximo** día tuvimos que limpiar todo.~~

la fecha
das Datum

~~**el dato**~~

Das ist eine sehr häufige Verwechslung! **Dato** heißt *Angabe*!

Todavía no sé la fecha de la reunión.
Ich weiß das Datum der Besprechung noch nicht.
~~Todavía no sé **el dato** de la reunión.~~

Es bueno saberlo

Heutzutage sind Daten und Fakten wichtiger als je zuvor. Eine **base de datos** *(Datenbank)* ist überall notwendig. Aufgepasst jedoch, wenn Sie über Geschehnisse als Fakten sprechen. Das sind weder **datos** noch * **factos**, sondern **hechos** *(Fakten, Tatsachen, Ereignisse).*

¿qué día / en qué fecha...?
an welchem Tag/Datum?
an welchem Tag/Datum?

~~¿en qué día…?~~

Saskia: ¿En qué día naciste?
Ricardo: No sé, tendría que preguntarle a mi madre.

Wie kann das sein, meint Saskia, jeder weiß wohl, wann er geboren wurde, oder etwa nicht? Ricardos Reaktion erklärt sich so: **En qué día** fragt nach dem genauen Wochentag, nicht nach dem Datum.

¿Qué día / en qué fecha te casaste?
An welchem Tag/Datum hast du geheiratet?

¿En qué día nació tu nieto, en sábado o en domingo?
An welchem Wochentag ist dein Enkel geboren, samstags oder sonntags?

el dos de enero de dos mil diez
der/am zweiten Januar 2010

~~* en el segundo enero dos mil diez~~

Beim Datum müssen Spanischlernende aufpassen wie ein Luchs! Das Datum wird immer ohne die Präposition **en** angegeben; für die Monatstage verwendet man grundsätzlich Grundzahlen (Ausnahme s. u.). Eine zusätzliche Eselsbrücke: Die Pünktchen bei der deutschen Datumsangabe sind jeweils ein obligatorisches **de**, siehe Beispiel.

El veinte de julio de mil novecientos sesenta y nueve el Apolo 11 llegó a la luna.
Am 20.07.1969 erreichte Apollo 11 den Mond.
~~En el veinte julio mil novecientos sesenta y nueve el Apolo 11 llegó a la luna.~~

¡Ojo!

Wochentage und Monatsnamen werden auf Spanisch klein geschrieben! Bitte lernen Sie die Monatsnamen richtig und vermeiden Sie folgende häufige Fehler: * ~~**janero**~~ statt **enero** *(Januar)*, * ~~**avril**~~ oder * ~~**aprilo**~~ statt **abril** *(April)*, * ~~**augusto**~~ statt **agosto** *(August)*, * ~~**octobre**~~ statt **octubre** *(Oktober)*.

el primero/ uno de agosto
am 1. August

~~**el primer agosto**~~

Beim ersten des Monats kann man entweder die Ordnungszahl oder auch die Grundzahl verwenden, aber danach nur Grundzahlen. **El primer agosto** bedeutet etwas ganz anderes: **El primer agosto que pasé en España no fue tan caliente.** *(Der erste [Monat] August, den ich in Spanien verbrachte, war nicht so heiß.)*

El primero/uno de noviembre **es festivo.**
Der 1. November ist ein Feiertag.
~~**El primer noviembre** es festivo.~~

mil novecientos
neunzehnhundert

~~*** diecinueve cientos, * mil noveciento**~~

Noch müssen wir häufig über das letzte Jahrhundert sprechen. Anders als im Deutschen werden Jahreszahlen genauso wie jede andere Zahl gelesen, also vierstellig. Lernen Sie **mil novecientos** (mit -s) einfach auswendig!

Este edificio fue construido en mil novecientos **noventa.**
Dieses Gebäude wurde 1990 gebaut.
~~Este edificio fue construido en **diecinueve cientos** noventa.~~

el siglo XVII
das 17. Jahrhundert

~~*** el 17 sieclo**~~

Bei Jahrhunderten setzt man in der spanischen Schriftsprache römische Zahlen ein, die hinter dem Wort **siglo** *(Jahrhundert)* platziert werden. Nur bei den ersten zehn Jahrhunderten kann man aussuchen: **el siglo dos** oder **el siglo segundo** *(das 2. Jahrhundert)*. Ab dem 11. Jahrhundert verwendet man lediglich Grundzahlen: **el siglo dieciséis** *(das 16. Jahrhundert).*

Al final del siglo XV **empezaron los grandes viajes de descubrimiento a América.**
Am Ende des 15. Jahrhunderts fingen die großen Entdeckungsreisen nach Amerika an.
~~Al final **del 15 sieclo** empezaron los grandes viajes de descubrimiento a América.~~

los (años) setenta

~~* **los años setentas**~~

Bezieht man sich auf Jahrzehnte, dann verwendet man die Zahl im Singular.

La historia tiene lugar en los años treinta.
Die Geschichte ereignet sich in den dreißiger Jahren.
~~La historia tiene lugar en **los años treintas**.~~

lo más pronto posible/lo antes posible
so bald wie möglich

~~* **tan pronto que possible**~~

Achtung, diese Wendung kann man nicht wortwörtlich übersetzen! Sie haben zwei richtige Alternativen. Übrigens, Doppel-s gibt es im Spanischen nicht.

Envíe los documentos lo más pronto posible/lo antes posible.
Schicken Sie die Dokumente so bald wie möglich.
~~Envíe los documentos **tan pronto que possible**.~~

tener prisa
es eilig haben

~~**tener brisa**~~

Noah: ¿Tienes brisa?
Emilia: Sí, gracias. Aquí no se está tan mal.

Emilia hat die beabsichtigte Frage ganz anders interpetiert. **Brisa** heißt nämlich *Brise*!

No puedo quedarme más, tengo prisa.
Ich kann nicht länger bleiben, ich habe es eilig.

Aquí en la terraza tengo un poco de brisa.
Hier auf der Terrasse habe ich ein wenig Brise.

1.	El festival de cine es ______.	❍ A en el noviembre	❍ B en noviembre
2.	Nuria nació ______.	❍ A el quince de marzo de dos mil once.	❍ B en el quince marzo dos mil once
3.	Primero picamos la cebolla y ______ la freímos.	❍ A después	❍ B pues
4.	Terminé de leer el libro ______ algunos días.	❍ A antes	❍ B hace
5.	Hoy es tu entrevista, ¿verdad? ¿ ______ ?	❍ A Cuándo	❍ B A qué hora
6.	______ semana quiero solo descansar.	❍ A La fin de la	❍ B El fin de
7.	Vivimos aquí ______ poco tiempo.	❍ A desde hace	❍ B desde
8.	La jefa nunca se va a casa ______ las seis.	❍ A antes	❍ B antes de
9.	¿Cómo? ¿Te han quitado el carné de conducir ______ un mes?	❍ A por	❍ B para
10.	______ visitaremos a los abuelos.	❍ A El domingo	❍ B En el domingo
11.	Los chicos tienen que entregar el móvil ______ las clases.	❍ A mientras	❍ B durante

Lösungen

1. B, 2. A, 3. A, 4. B, 5. B, 6. B, 7. A, 8. B, 9. A, 10. A, 11.B

FEHLER NACH THEMEN

16. Geldgeschäfte

el dinero
das Geld

~~los dineros, la moneda~~

Wie im Deutschen verwendet man nur selten den Plural **dineros** *(Gelder)*, zum Beispiel bei **los dineros del estado** *(staatliche Gelder)*. **Moneda** bedeutet *Münze* oder *Währung*.

No tengo dinero.
Ich habe kein Geld.
~~No tengo dineros/moneda.~~

la tarjeta de crédito
die Kreditkarte

~~* la carta de crédito~~

Hier ist wieder ein falscher Freund am Werk! *Karte* heißt generell **tarjeta**.

Huy, ¡esta tarjeta de crédito está vencida!
Huch, diese Kreditkarte ist abgelaufen!
~~Huy, ¡esta carta de crédito está vencida!~~

invertir
investieren, umkehren

~~investir~~

Dennis: Tengo que investir, pero no sé cómo.
Leticia: ¿A quién? No te entiendo.

Dennis wollte fragen, wie er sein Geld anlegen könnte, aber hat das falsche Verb verwendet. **Investir** wird eher formell gebraucht und bezieht sich auf die feierliche Verleihung eines Titels oder eines Amtes. *Investieren* heißt **invertir**, aber in anderen Kontexten bedeutet dieses Verb *umkehren*.

Tenemos que invertir en investigación y desarrollo.
Wir müssen in Forschung und Entwicklung investieren.

¿Te van a investir como doctor honorífico?
Wird dir der Titel des Doktor Honoris causa verliehen?

la inversión
die Investition, die Inversion (Umkehrung)

~~* **la investición**~~

Das Substantiv zu **invertir** ist **inversión**.

¿Cuál será una buena inversión?
Welche wird wohl eine gute Investition sein?
~~¿Cuál será una buena **investición**?~~

Pequeño detalle

* **Investición** gibt es nicht; das Substantiv zu **investir** ist **investidura** *(Einsetzung, Amtseinführung)*, z. B. **Fue una investidura muy solemne.** *(Es war eine sehr feierliche Amtseinführung.)*

ser rico/-a
reich sein

~~**estar rico/-a**~~

Achtung, mit **estar** heißt **rico** *lecker*! Das kann zu einer verdutzten Reaktion führen.

Me gustaría saber si Sebastián es rico.
Ich würde gerne wissen, ob Sebastian reich ist.
~~Me gustaría saber si Sebastián **está rico**.~~

el riesgo
das Risiko

~~* **el rísico**~~

Leider ist das spanische Wort dem deutschen nicht so ähnlich, wie es sich manche wünschen.

No es posible invertir sin riesgo.
Es ist nicht möglich, ohne Risiko zu investieren.
~~No es posible invertir sin **rísico**.~~

la pérdida
der Verlust

~~la perdida~~

Severin: Me parece que en el banco hay perdidas.
Paloma: ¿Personas perdidas? Pues qué raro, ¿no?

Da staunt aber Severin über Palomas Antwort! Hier machen der anscheinend kleine Akzent (und die zugehörige Betonung) richtig etwas aus. **Perdida** ist das weibliche Partizip von **perderse** *(sich verlaufen, sich verfahren, verloren gehen).* Möchten Sie *Verlust* sagen, dann achten Sie genau auf den Akzent und die Betonung auf der ersten Silbe!

Hay que evitar pérdidas a toda costa.
Man muss unbedingt Verluste vermeiden.

Estas personas están bien, pero la policía busca todavía a algunas perdidas.
Diesen Personen geht es gut, aber die Polizei sucht noch nach einigen Vermissten.

Es bueno saberlo

Achtung! **Perdida** kann sich auch auf eine weibliche Person beziehen, die sich vom „rechten" Weg entfernt hat und bedeutet daher in bestimmten Kontexten *Taugenichts* oder sogar *Prostituierte,* z. B. **No veas más a esa chica, ¡es una perdida!** *(Triff dich nicht mehr mit diesem Mädchen, sie ist ein Nichtsnutz / eine Hure!)*

ganar
verdienen, gewinnen

~~*gañar~~

Vorsicht! *Gagner* ist ein falscher Freund aus dem Französischen.

Quiero ganar mucho dinero.
Ich möchte viel Geld verdienen.
~~Quiero gañar mucho dinero.~~

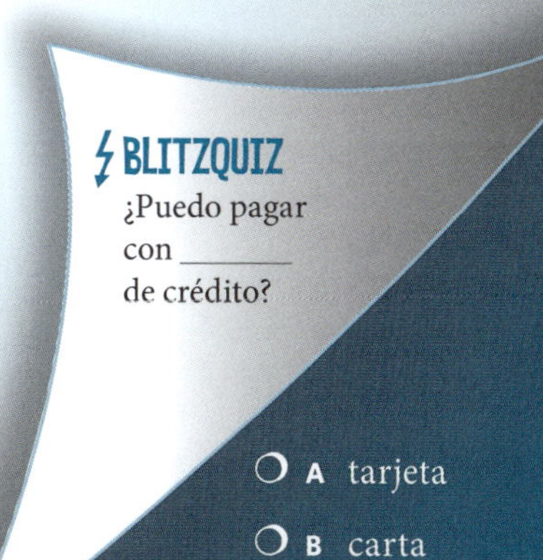

BLITZQUIZ
¿Puedo pagar con _______ de crédito?

- A tarjeta
- B carta

la ganancia
der Gewinn, der Profit

~~**la gana**~~

Das Substantiv zu **ganar** *(verdienen, gewinnen)* ist **ganancia**. **Gana** heißt *Lust* und wird auch im Plural verwendet.

Con esta estrategia habrá ganancias para todos.
Mit dieser Strategie wird es Gewinne für alle geben.
~~Con esta estrategia habrá **ganas** para todos.~~

rentable
profitabel

~~*** profitable**~~

Leider ist das spanische Adjektiv dem deutschen nicht so ähnlich, wie man denken könnte.

Este negocio es muy rentable.
Dieses Geschäft ist sehr profitabel.
~~Este negocio es muy **profitable**.~~

pagar ... por
für ... bezahlen

~~**pagar ... para**~~

Den Preis, den man bezahlt (oder für den man etwas verkauft), gibt man mit der Präposition **por** an.

Pagué demasiado por este coche.
Ich habe zu viel für dieses Auto bezahlt.
~~Pagué demasiado **para** este coche.~~

el precio
der Preis

~~**el premio**~~

Der Preis, den man beim Kaufen bezahlt, heißt **precio**.

Es muy caro, no quiero pagar ese precio.
Das ist sehr teuer, ich möchte den Preis nicht bezahlen.
~~Es muy caro, no quiero pagar ese **premio**.~~

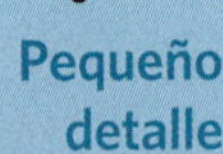

Pequeño detalle

Der Preis, den man gewinnt bzw. zur Belohnung bekommt, heißt **premio**, z. B. **¿Quién ganará el premio Nobel?** *(Wer wird den Nobelpreis bekommen?) Prämie* als Vergütung bzw. Zuschlag heißt **prima**.

Lösung Blitzquiz
A

el pedido
die Bestellung

~~**la pedida**~~

Aufgepasst, das Geschlecht ist hier anders als im Deutschen. **Pedida** ist das weibliche Partizip von **pedir** *(bestellen)* und kann als Adjektiv gebraucht werden, z. B. **la mercancía pedida** *(die bestellte Ware).*

¿De qué fecha es el pedido?
Welches Datum hat die Bestellung?
~~¿De qué fecha es **la pedida**?~~

la orden
der Auftrag, der Befehl

~~**el orden**~~

Hier macht das Geschlecht einen großen Unterschied, obwohl beides wichtig ist: **la orden** ist der *Auftrag*, **el orden** *die Ordnung* (auch im Geschäftsleben die halbe Miete!)

¿Ya han pagado esta orden?
Hat man diesen Auftrag schon bezahlt?
~~¿Ya han pagado **este orden**?~~

la venta
der Verkauf

~~**la venda**~~

Hier kann ein lustiges Missverständnis entstehen! **Venda** heißt *Binde* bzw. *Verband* und hat normalerweise mit Geldgeschäften wenig zu tun.

La señora Varela es jefa de ventas.
Frau Varela ist Verkaufsleiterin.
~~La señora Varela es jefa de **vendas**.~~

barato/-a
billig, preiswert

~~* **barrato/-a**~~

Manch eine/r schießt über das Ziel hinaus, wenn er/sie versucht, das spanische **r** auszusprechen und speichert dieses Wort vielleicht daher falsch.

¿Dónde puedo comprar ropa barata?
Wo kann ich preiswerte Kleidung kaufen?
~~¿Dónde puedo comprar ropa **barrata**?~~

la quiebra/la bancarrota
der Konkurs, der Bankrott, die Pleite

~~el concurso~~

Concurso bedeutet *Wettbewerb, Ausschreiben.* Da kann eine Aussage völlig falsch verstanden werden!

Lamentablemente, esa empresa está en quiebra/en bancarrota.
Leider ist diese Firma pleite/bankrott.
~~Lamentablemente, esa empresa está **en concurso**.~~

Es bueno saberlo

Die ersten italienischen Bankiers des Mittelalters setzten sich auf Bänke an öffentlichen Plätzen, um dort ihre Geschäfte zu machen. Wurde ein Bankier zahlungsunfähig, machten die Behörden die Pleite für alle sichtbar, indem sie die **banca** *(Bank)* zerbrachen **(quebrar)**, so dass die Bank **rota** *(kaputt)* war. Das Doppel-**r** im resultierenden spanischen zusammengesetzten Wort dient dazu, die Aussprache beizubehalten. **Quiebra** ist das Substantiv zu **quebrar** und bedeutet *Bruch.*

los euros
Euro

~~* los Euro, los oiros~~

Währungen schreibt man klein. Sie haben eine Pluralendung wie jedes andere Substantiv. Achtung, die spanische Aussprache der Vokale **eu** ist anders als im Deutschen!

Los pagos se realizarán en euros.
Die Zahlungen erfolgen in Euro.
~~Los pagos se realizarán en **Euro/oiros**.~~

los dólares
Dollar

~~* los dollars, * los dolares~~

Dólar schreibt man mit einem **l** (sonst würde man es *dojar* aussprechen). Für den Plural fügt man **-es** an. Achtet man nicht auf die Betonung auf der ersten Silbe, entsteht ein nichtexistierendes Wort, das ähnlich wie **dolores** *(Schmerzen)* ist.

¿Cuántos dólares necesitas para el viaje?
Wie viel Dollar brauchst du für die Reise?
~~¿Cuántos **dollars/dolares** necesitas para el viaje?~~

QUIZ
Geldgeschäfte

		A	B
1.	En muchos países no se aceptan ______.	❍ A euros	❍ B Euro
2.	No me importa si no ______ rico, de todas maneras te quiero.	❍ A eres	❍ B estás
3.	Por fin, Nicolás ha encontrado un trabajo en el que ______ suficiente.	❍ A gaña	❍ B gana
4.	Necesitamos fuentes de energías alternativas y ______.	❍ A profitables	❍ B rentables
5.	Las ______ de esta novela han sido increíbles.	❍ A ventas	❍ B vendas
6.	En Australia tienes que pagar en ______.	❍ A dolares	❍ B dólares
7.	Algunas personas guardan ______ debajo del colchón.	❍ A el dinero	❍ B los dineros
8.	Hay que tomar ______ para lograr innovaciones.	❍ A rísicos	❍ B riesgos
9.	Mi padre siempre me aconseja cómo ______ mejor.	❍ A invertir	❍ B investir
10.	¿Cómo piensan cubrir las ______ del negocio?	❍ A perdidas	❍ B pérdidas
11.	Santiago Calatrava es un famoso arquitecto español que ha ganado muchos ______.	❍ A precios	❍ B premios
12.	En general, hoy en día las ______ no dan muchos intereses.	❍ A investiciones	❍ B inversiones

Lösungen

1. A, 2. A, 3. B, 4. B, 5. A, 6. B, 7. A, 8. B, 9. A, 10. B, 11. B, 12. B

FEHLER NACH THEMEN

17. Kommunikation

expresar
audrücken

~~**exprimir**~~

Freya: No sé cómo exprimirme.
Diego: Pues, ¡como una naranja, chica!

Freya wusste nicht, wie sie sich ausdrücken sollte, aber sie hat gesagt, sie weiß nicht, wie sie sich *entsaften*, *auspressen* bzw. *ausquetschen* soll!

Es importante expresarse claramente.
Es ist wichtig, sich klar auszudrücken.

¿Puedes exprimir estas naranjas, por favor?
Kannst du bitte diese Orangen auspressen?

la comunicación
die Kommunikation

~~* **la communication**~~

Es gibt kein Doppel-**m** im Spanischen! Und: Die Endung *-tion* entspricht meistens der spanischen Endung **-ción**.

A veces hay problemas de comunicación.
Manchmal gibt es Kommunikationsprobleme.
~~A veces hay problemas de **communication**.~~

¡Ojo!

Nur **c**, **r**, **l** und **n** kommen im Spanischen als Doppelkonsonanten vor. Als Eselsbrücke kann man sich merken: Nur die Konsonanten kommen verdoppelt vor, die der Name **Carolina** enthält. Beispiele: **cc** in **accidente** *(Unfall)*, **rr** in **perro** *(Hund)*, **ll** in **silla** *(Stuhl)* und **nn** in **innecesario** *(unnötig)*. Andere Doppelkonsonanten gibt es im Spanischen nicht!

comunicarse con alguien
mit jdm. kommunizieren, sich mit jdm. in Verbindung setzen, jdn. erreichen

~~* **comunicar con alguien, comunicar a alguien**~~

Für *kommunizieren* nimmt man die reflexive Form. **Comunicar a alguien** bedeutet *verbinden*, z. B. **Ahora lo comunico con la doctora.** *(Ich verbinde Sie gleich mit der Ärztin.)*

He estado tratando de comunicarme contigo.
Ich habe versucht, dich zu erreichen.
~~He estado tratando de **comunicar contigo/comunicar a ti.**~~

comunicarle algo a alguien
jdm. etwas mitteilen

~~**comunicar algo a alguien**~~

Als *mitteilen* hat **comunicar** zwei Objekte: was und wem, wobei man das Dativobjekt der 3. Person verdoppelt.

Tenemos que comunicarles esto a todos.
Wir müssen das allen mitteilen.
~~Tenemos que **comunicar esto a** todos.~~

Pequeño detalle

In der Regel wird das indirekte Objekt (wem) in der 3. Person verdoppelt: mit dem Pronomen **le** bzw. **les** zusätzlich zu dem Substantiv, wie im Beispiel: **les … a todos.**

el lenguaje
Sprache, Ausdrucksart, Sprechweise

~~**la lengua, el idioma**~~

Einerseits ist **lenguaje** die Fähigkeit, überhaupt zu kommunizieren. Andererseits bezeichnet das Wort eine gruppentypische Ausdrucksweise. **Lengua** bzw. **idioma** werden im Allgemeinen als Landessprache verstanden.

¡No utilices ese lenguaje tan vulgar!
Drücke dich nicht so vulgär aus!
~~¡No utilices esa lengua/ ese idioma tan vulgar!~~

Me gusta mucho cómo te _______.

Es bueno saberlo

Überall in Spanien gilt **castellano** *(Kastilisch)* als **lengua oficial** *(Amtssprache)*. Zudem werden in den entsprechenden Regionen auch **gallego, catalán** und **euskera** *(Katalanisch, Galizisch* und *Baskisch)* als Amtssprachen anerkannt. In den spanischsprachigen Ländern Lateinamerikas ist **castellano** bzw. **español** *(Spanisch)* die offizielle Sprache, allerdings bezeichnet die **Real Academia Española** *(Spanische Königliche Akademie)* jede der Eigenarten als eine gleichwertige **variante** *(Variante)*, also kein **dialecto** *(Dialekt)*. In manchen lateinamerikanischen Ländern gelten zusätzlich bestimmte **lenguas indígenas** *(Sprachen der Ursprungsbevölkerung)* als Amtssprachen, z. B. in Bolivien **quechua, aymara** und **guaraní.**

el gesto
die Geste, der Gesichtsausdruck

~~**la gesta**~~

Vorsicht, **gesta** bedeutet *Heldentat*, die *Geste* ist im Spanischen maskulin.

Tu hermano y tú hacéis los mismos gestos.
Dein Bruder und du benutzt die gleichen Gesten.
~~Tu hermano y tú hacéis **las mismas gestas**.~~

el cumplido
das Kompliment

~~**el complemento**~~

Auch hier lauert eine Verwechslung: **complemento** heißt *Ergänzung* oder, in der Grammatik, *Objekt* (z. B. nach einem Verb).

Te lo he dicho como un cumplido.
Ich habe es dir als Kompliment gesagt.
~~Te lo he dicho como **un complemento**.~~

Es bueno saberlo

In personenbezogenen Kulturen sagt man häufig etwas Nettes über das Gegenüber. Die höfliche Reaktion besteht darin, das Kompliment abzumildern, z. B. – **¡Qué jersey más bonito! – Pues ya es muy viejo.** *(– Was für ein schöner Pullover! – Nun, er ist schon sehr alt.)*

Lösung Blitzquiz
A

hablar con/ hablarle a alguien
jdn. sprechen, mit jdm. reden

~~* hablar a alguien~~

Für *jdn. sprechen* bzw. *mit jdm. reden* kann man **hablar con** nehmen oder **hablar a** mit dem verdoppelten Dativobjekt.

¿Van a hablarle al/hablar con el representante?
Werden Sie mit dem Vertreter sprechen?
~~¿Van a **hablar al** representante?~~

hablar fluidamente
fließend sprechen

~~* hablar líquido~~

Mit dieser Verwechslung erntet man bestimmt einige Lacher. **Líquido** bedeutet *Flüssigkeit*.

Quisiera hablar fluidamente (el) español.
Ich würde gerne fließend Spanisch sprechen.
~~Quisiera hablar **líquido** (el) español.~~

estar/quedarse callado/-a
still sein, den Mund halten

~~estar/quedarse quieto /-a~~

Im Spanischen differenziert man zwei Sorten von *stillsein*: **callado/-a** bedeutet *still* im Sinne von *lautlos, nicht sprechend*. Für *still* im Sinne von *ruhig, sich nicht bewegend* gibt es das Adjektiv **quieto/-a**.

Tomás no deja de hablar, no puede estar/quedarse callado.
Tomás hört nicht auf, zu reden, er kann den Mund nicht halten.
~~Tomás no deja de hablar, no puede estar/quedarse **quieto**.~~

llamar (por teléfono) a/ telefonear a
anrufen, mit jdm. telefonieren

~~* telefonar con, * llamar (al teléfono) con~~

Telefonear (mit **ea**) als *anrufen, telefonieren* wird wenig gebraucht. Die üblichste Art zu sagen, dass man anruft, ist mit dem Verb **llamar** und einem direkten Objekt.

Necesitamos llamar (por teléfono)/telefonear al cliente.
Wir müssen den Kunden anrufen/mit dem Kunden telefonieren.
~~Necesitamos **llamar (al teléfono)/telefonar con** el cliente.~~

Pequeño detalle

Ans Telefon gehen heißt **contestar (el teléfono)**, wörtlich *antworten*. Für *(den Telefonhörer) auflegen* verwenden wir das Verb **colgar** *([auf]hängen)*, da viele der ersten Apparate Wandtelefone waren und der Telefonhörer an einem Haken aufgehängt wurde.

la llamada
der Anruf

~~**el llamado**~~

In den meisten Ländern heißt **el llamado** *Aufruf, Appell* oder auch *(Ein-)Berufung*. Der *(Telefon-)Anruf* ist weiblich.

Bárbara está esperando una llamada urgente.
Bárbara wartet gerade auf einen dringenden Anruf.
~~Bárbara está esperando **un llamado** urgente.~~

Es bueno saberlo

In einigen Ländern Südamerikas (z. B. Argentinien) ist es anders: **el llamado** bedeutet dort auch der *Anruf*.

el mensaje
die Nachricht, die Mitteilung

~~**la noticia**~~

Eine *Nachricht*, die man hinterlässt, ist **un mensaje. Noticia** ist eine *Pressemeldung* oder *Neuigkeit*.

Tu madre te ha dejado un mensaje.
Deine Mutter hat dir eine Nachricht hinterlassen.
~~Tu madre te ha dejado **una noticia**.~~

hablar/ conversar
reden, diskutieren

~~**discutir, * discutar**~~

Im Deutschen deutet *diskutieren* auf einen Meinungsaustausch, **discutir** im Spanischen eher auf eine heftige Auseinandersetzung oder sogar einen Streit hin.

Me encanta hablar/conversar con mis amigos.
Ich rede/diskutiere gerne mit meinen Freunden.
~~Me encanta **discutir/discutar** con mis amigos.~~

Pequeño detalle

In bestimmten festen Kombinationen, z. B. mit **teoría** *(Theorie)*, **asunto/cuestión** *(Angelegenheit, Thema)* oder **problema** *(Problem)* kann **discutir** die gleiche Bedeutung haben wie im Deutschen: **¿Quieres discutir el problema?** *(Möchtest du das Problem besprechen?)*

la discusión
der Streitgespräch, die Diskussion

~~**el argumento**~~

Diese Verwechslung kommt vom englischen falschen Freund *argument* für *Auseinandersetzung.*

Las **constantes** discusiones **dañan la relación.**
Ständige Auseinandersetzungen schaden der Beziehung.
~~Los constantes **argumentos** dañan la relación.~~

el acuerdo
Einvernehmen, Kompromiss

~~**el compromiso**~~

Generell heißt **compromiso** *Verpflichtung, Engagement.*

El mediador nos propuso un acuerdo.
Der Vermittler schlug einen Kompromiss vor.
~~El mediador nos propuso **un compromiso.**~~

tener ganas de saber/sentir curiosidad por saber
auf etwas neugierig sein

~~*** ser/estar curioso/-a sobre**~~

Ser curioso/-a beschreibt den neugierigen Charakter einer Person. **Estar curioso/-a** ist eine Bewertung, wobei **curioso** in dieser Kombination *auffallend* bzw. *merkwürdig* bedeutet z. B. **Esta situación está curiosa.** *(Das ist eine merkwürdige Situation.)*

Tengo ganas de saber/siento curiosidad por saber **el resultado.**
Ich bin neugierig auf das Ergebnis.
~~**Soy/Estoy curioso/-a sobre** el resultado.~~

BLITZQUIZ

Hoy en día, la ______ es mucho más rápida que antes.

❍ **A** communication

❍ **B** comunicación

querer conocer a/sentir/tener curiosidad por conocer a
auf jdn. neugierig sein

~~* ser/estar curioso/-a sobre~~

Wie beim letzten Beispiel muss man hier ganz andere Wendungen als im Deutschen verwenden. Bei Personen bezieht sich die Neugierde ja aufs *Kennenlernen*.

Ya quiero conocer a mis nuevos colegas.
Ich bin neugierig auf meine neuen Kollegen.
~~Ya soy/estoy curioso/-a sobre mis nuevos colegas.~~

Pequeño detalle

Wenn sie neugierig auf etwas sind, verwenden Spanischsprecher/innen häufig Ausdrücke mit **A ver** *(Mal sehen)*, z. B. bei einem Ergebnis **A ver qué sale/resulta.** *(Mal sehen, was rauskommt/daraus wird.)* oder bei einer Person **¡A ver qué tal es la nueva novia de mi primo!** *(Mal sehen, wie die neue Freundin meines Cousins ist!)*

preguntarle algo a alguien
jdm. etwas fragen

~~* preguntar algo a alguien~~

Preguntar *(fragen)* hat zwei Objekte (was und wem). Bei der dritten Person wird das Dativobjekt verdoppelt: **le … a alguien.**

¿Le habéis preguntado a Bea si puede ayudarnos?
Habt ihr Bea gefragt, ob sie uns helfen kann?
~~¿Habéis preguntado a Bea si puede ayudarnos?~~

la pregunta
die Frage

~~la cuestión~~

Bei einer **pregunta** wird eine **respuesta** *(Antwort)* erwartet. Eine Frage, die diskutiert wird, ist eine **cuestión**.

Profesor, ¿le puedo hacer una pregunta?
Herr Lehrer, darf ich Ihnen eine Frage stellen?
~~Profesor, ¿le puedo hacer una cuestión?~~

Lösung Blitzquiz
B

la cuestión
die Frage

~~* la questión~~

Frage als *zu besprechendes Thema* wird [kwes'tjon] ausgesprochen. Würde es mit **qu** geschrieben, wäre die Aussprache [kes'tjon].

Solo es una cuestión de tiempo.
Es ist nur eine Frage der Zeit.
~~Solo es una **questión** de tiempo.~~

la respuesta
die Antwort

~~* la responsa~~

Oft wird das Substantiv zum Verb **responder** *(antworten)* falsch gebildet.

Lo siento, no sé la respuesta.
Es tut mir leid, ich weiß die Antwort nicht.
~~Lo siento, no sé **la responsa**.~~

pedir
fragen nach, bitten um

~~preguntar por~~

Theo: Te quiero preguntar por las llaves.
Ángela: ¿Las llaves? Pues están muy bien, gracias.

Theo wollte Ángela nach den Schlüsseln fragen und sie natürlich bekommen! Aber **preguntar por** bedeutet *nach jemandem fragen*, d. h. sich erkundigen, wie es einer Person geht. Möchte man etwas bekommen, sagt man **pedir**.

Te quiero pedir la receta del pastel.
Ich möchte dich um das Kuchenrezept bitten.

Mercedes me ha preguntado por ti.
Mercedes hat mich nach dir gefragt.

la conferencia
der Vortrag

~~el discurso~~

Discurso heißt *Ansprache* bzw. *Rede*.

Hay una conferencia interesante en el museo.
Im Museum gibt es einen interessanten Vortrag.
~~Hay **un discurso** interesante en el museo.~~

anotar
notieren

~~**notar**~~

Bei einer **conferencia** *(Vortrag)* bemerken Sie (**notar**) wahrscheinlich vieles, und vielleicht möchten Sie auch etwas *notieren* (**anotar**).

Necesito un papel para anotar algo.
Ich brauche einen Zettel, um etwas zu notieren.
~~Necesito un papel para **notar** algo.~~

la novela
der Roman

~~* **el romano**~~

Achtung, **romano** bedeutet *Römer.* Auch wenn einige Bewohner Roms vielleicht den Ruf als *Latin lovers* haben: Die beabsichtigte Aussage war jedoch eine ganz andere!

Me gustan las novelas románticas.
Ich mag romantische Romane.
~~Me gustan **los romanos** románticos.~~

significa
das/es bedeutet / heißt

~~* **signífica**~~

Fragt man nach der Bedeutung eines gegebenen Wortes in einer bestimmten Sprache, verwendet man das Verb **significar** *(bedeuten).* Bitte beachten Sie dabei die Betonung in der 3. Person: Wörter, die auf Vokal, **-n** oder **-s** enden, werden immer auf der vorletzten Silbe betont, wenn sie keinen grafischen Akzent tragen.

¿Qué significa esta palabra?
Was bedeutet dieses Wort?
~~¿Qué **signífica** esta palabra?~~

¿cómo se dice ...?
was heißt ...?

~~**¿qué significa ... ?**~~

Um zu wissen, wie man ein bestimmtes Wort in einer anderen Sprache ausdrückt, braucht man diese Wendung (wörtlich: *Wie sagt man ...?*)

¿Cómo se dice *"Fehler"* **en español?**
Was heißt „Fehler" auf Spanisch?
~~**¿Qué significa** *"Fehler"* en español?~~

los vocablos
die Vokabeln

~~**los vocabularios**~~

Ein Wort, das man lernen möchte, heißt **vocablo** *(Vokabel)*. Alle zusammen bilden dann den **vocabulario** *(Wortschatz)*.

Anota los vocablos nuevos en la pizarra, por favor.
Bitte schreibe die neuen Vokabeln an die Tafel.
~~Anota **los vocabularios** nuevos en la pizarra, por favor.~~

apoyar
unterstützen

~~**soportar**~~

Im Sinne der Zusammenarbeit verwendet man **apoyar**, da **soportar** u. a. als *aushalten* verstanden werden kann.

Lo siento, en este proyecto no te puedo apoyar.
Es tut mir leid, in diesem Projekt kann ich dich nicht unterstützen.
~~Lo siento, en este proyecto no te puedo **soportar**.~~

Pequeño detalle

Als Substantiv wird **el soporte** als *Unterstützung* meistens nur in bestimmten festen Zusammenhängen verwendet, z. B. **soporte técnico** (Englisch: *technical support*).

la manifestación
die Demo(nstration)

~~**la demostración**~~

Demostración heißt *Beweisführung*.

Muchas personas apoyaron la manifestación.
Viele Leute unterstützten die Demo(nstration).
~~Muchas personas apoyaron **la demostración**.~~

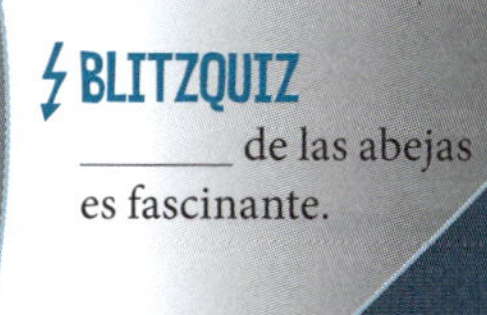

BLITZQUIZ

_______ de las abejas es fascinante.

- A El lenguaje
- B La lengua

el anuncio
die Anzeige, die Annonce

~~* la anuncia, la anunciación~~

Anzeige, Annonce ist im Spanischen maskulin. Achtung, **anunciación** bedeutet *Verkündigung* und wird häufig im religiösen Zusammenhang verwendet.

Hay un anuncio interesante en el periódico.
Es gibt eine interessante Anzeige in der Zeitung.
~~Hay **una anuncia/anunciación** interesante en el periódico.~~

los medios (de comunicación)
die Medien

~~las medias~~

Ben: ¿Has visto? La noticia ya está en las medias.
Juana: ¿En dónde?

Da staunt Juana nicht schlecht, denn **medias** sind *Strümpfe* bzw. *Socken*!

Los medios de comunicación son muy poderosos.
Die (Kommunikations-)Medien sind sehr einflussreich.

por/mediante Internet/a través de Internet
über Internet

~~sobre Internet~~

Hier darf man die deutsche Präposition nicht wörtlich übersetzen: **sobre** wird als *oben drauf* verstanden.

Cada día más gente se comunica por/mediante Internet/a través de Internet.
Immer mehr Leute kommunizieren über Internet.
~~Cada día más gente se comunica **sobre Internet**.~~

la carta
der Brief

~~la letra~~

Diese Verwechslung kommt aus dem Englischen *letter* bzw. Französischen *lettre*. **Letra** bedeutet im Spanischen *Buchstabe*.

¡He recibido una carta de aceptación!
Ich habe einen Zulassungsbrief bekommen!
~~¡He recibido **una letra** de aceptación!~~

Lösung Blitzquiz
A

la (tarjeta) postal
die Postkarte

~~la carta (postal)~~

Karte heißt **tarjeta**. Für eine *Postkarte* wird das Wort häufig ausgelassen, **la postal** reicht.

Mi abuela colecciona postales de sus viajes.
Meine Oma sammelt Postkarten von ihren Reisen.
~~Mi abuela colecciona **cartas** de sus viajes.~~

el destinatario
der Empfänger

~~el recipiente~~

Das ist ein lustiger Fehler. **Recipiente** bedeutet *Behälter* oder *Gefäß*.

¡Has enviado el correo al destinatario incorrecto!
Du hast die E-Mail an den falschen Empfänger geschickt!
~~¡Has enviado el correo **al recipiente** incorrecto!~~

saludos cariñosos
liebe Grüße

~~* queridos saludos~~

Wieder kann man hier nicht direkt übersetzen.

¡Saludos cariñosos a la familia!
Liebe Grüße an die Famile!
~~¡Queridos saludos a la familia!~~

Es bueno saberlo

Häufig verabschiedet man sich bei persönlichen Briefen, E-Mails oder weiteren Nachrichtenarten mit **abrazos** *(Umarmungen)* oder **besos** *(Küsse)*.

BLITZQUIZ
Don Quijote es _______ muy famosa.

- A un romano
- B una novela

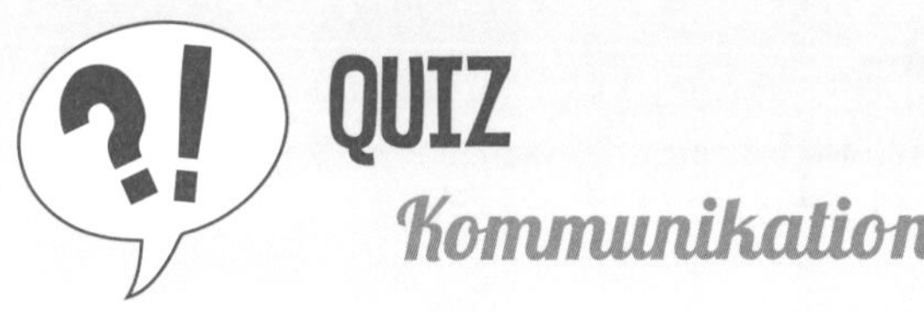

		A	B
1.	¿No te gusta la comida, o por qué haces _____ de disgusto?	❍ A esos gestos	❍ B esas gestas
2.	Cuando sus colegas hablan de política, Isabel prefiere quedarse _____.	❍ A quieta	❍ B callada
3.	El ingeniero León no está. ¿Desea dejarle _____?	❍ A una noticia	❍ B un mensaje
4.	Ya _____ la nueva pareja de mi padre. Ha estado muy solo desde que enviudó.	❍ A estoy curiosa sobre	❍ B quiero conocer a
5.	Hoy voy a _____ un aumento de sueldo.	❍ A pedir	❍ B pregun-tar por
6.	He recibido una buena noticia que tengo que _____ a mis padres.	❍ A comu-nicar	❍ B comuni-carles
7.	En este departamento nos ocupamos de _____ a nuestros clientes.	❍ A apoyar	❍ B soportar
8.	Muchos jóvenes son adictos a _____ de comunicación.	❍ A los medios	❍ B las medias
9.	Niños, ¡dejad de pelearos! Ya no quiero escuchar más _____ entre vosotros.	❍ A discu-siones	❍ B argu-mentos
10.	Si te han dicho que eres muy exacta, tómatelo como un _____.	❍ A comple-mento	❍ B cum-plido
11.	Los domingos por lo general llamo _____ mi suegra para conversar un poco.	❍ A a	❍ B con

Lösungen
1. A, 2. B, 3. B, 4. B, 5. A, 6. B, 7. A, 8. A, 9. A, 10. B, 11. A

Lösung Blitzquiz
B

FEHLER NACH THEMEN

18. Gefühle und Empfindungen

alegre
fröhlich

~~* allegro/-a~~

Manche Personen mit musikalischer Erfahrung tendieren zu diesem Fehler. Adjektive auf **-e** sind für maskulin und feminin gleich. Und bitte beachten Sie die Rechtschreibung: Doppel-l würde wie ein *j* klingen.

¡Qué fiesta tan alegre!
Was für ein fröhliches Fest!
~~¡Qué fiesta tan allegra!~~

ponerse alegre/triste
fröhlich/traurig werden

~~devenir alegre/triste~~

Im Französischen ist *devenir* ein gängiges Verb. Im Spanischen ist es eher akademisch und klingt in der Alltagssprache etwas gestelzt.

No quiero ponerme triste.
Ich möchte nicht traurig werden.
~~No quiero devenir triste.~~

me hace ilusión
ich freue mich darauf

~~me alegro por/de~~

Vorfreude drückt man im Spanischen mit der Konstruktion **hacer ilusión** aus, die wie **gustar** *(mögen, gefallen)* mit Dativ gebildet wird. In diesem Kontext bedeutet **ilusión** *Freude* bzw. *Vorfreude* und nicht *falsche Vorstellung*! **Alegrarse por/de** heißt *sich wegen etwas freuen*, das schon stattfindet oder stattgefunden hat; in unserem Beispiel bei der Ankunft der Gäste oder nach deren Besuch.

Vuestra visita me hace ilusión.
Ich freue mich auf euren Besuch.
~~Me alegro por/de vuestra visita.~~

respetar
respektieren

~~* respectar~~

Achtung, hier ist ein **c** weniger als erwartet!

Elvira es una abogada a quien todos respetan.
Elvira ist eine Rechstanwältin, die alle respektieren.
~~Elvira es una abogada a quien todos **respectan**.~~

estar orgulloso/-a de algo/alguien
auf etwas/ jemanden stolz sein

~~* ser orgulloso/-a de algo/alguien~~

Stolz auf etwas bzw. jemanden zu sein ist ein Zustand, daher mit **estar. Ser orgulloso** als Charaktereigenschaft wird ohne Ergänzung verwendet (siehe Kapitel 28).

Los padres de Elvira están orgullosos de ella.
Elviras Eltern sind stolz auf sie.
~~Los padres de Elvira **son** orgullosos de ella.~~

ser responsable
verantwortungsbewusst/ verantwortlich sein

~~* estar responsable, * responsible~~

Es heißt immer **ser responsable**, egal ob damit gemeint ist, dass jemand ein verantwortungsbewusster Mensch ist oder dass er für etwas verantwortlich ist. Obacht mit den Vokalen des Adjektivs, das spanische Wort hat kein **i** wie das Englische!

Confío en vosotros porque sois muy responsables.
Ich vertraue auf euch, da ihr sehr verantwortungsbewusst seid.
~~Confío en vosotros porque **estáis** muy **responsables/responsibles**.~~

Es bueno saberlo

Will man sagen, wofür man verantwortlich ist, dann mit **de** und nicht mit **para**. Zudem ist eine Verantwortlichkeit etwas Definitorisches – auch wenn diese Funktion vorübergehend ist – daher mit **ser: Godoy es responsable de los salarios.** *(Godoy ist für die Gehälter zuständig.)*

estar contento/-a
froh, glücklich, zufrieden über etwas sein

~~* ser contento/-a~~

Contento/-a beschreibt eine Zufriedenheit als Ergebnis, als Charaktereigenschaft heißt es **feliz** – deshalb wird dieses Adjektiv nicht mit **ser** kombiniert.

Jorge está muy contento en su nuevo barrio.
Jorge ist in seinem neuen Wohnviertel sehr glücklich.
~~Jorge es muy **contento** en su nuevo barrio.~~

estar seguro/-a
(sich) sicher sein

~~ser seguro/-a~~

Ser seguro/-a wird für Sachen verwendet, die nicht gefährlich sind, z. B. **Esta ruta es segura.** *(Diese Route ist sicher.)*

¿De verdad quieres irte mañana? ¿Estás seguro?
Willst du wirklich morgen abreisen? Bist du (dir) sicher?
~~¿De verdad quieres irte mañana? ¿**Eres seguro**?~~

la confianza
das Vertrauen

~~la confidencia~~

Aufgepasst, **confidencia** bedeutet *Vertraulichkeit*. Da kann ein Missverständnis entstehen!

Mis jefes me tienen mucha confianza.
Meine Vorgesetzten haben viel Vertrauen in mich.
~~Mis jefes me tienen mucha **confidencia**.~~

la expectativa
die Erwartung

~~la expectación~~

Expectación heißt *Erwartung*, jedoch bedeutet dieses Wort auch *großes Interesse*, z. B. **Se espera el resultado con gran expectación.** *(Man wartet gespannt auf das Ergebnis.)*

¿Cuáles son tus expectativas para el futuro?
Was sind deine Erwartungen für die Zukunft?
~~¿Cuáles son tus **expectaciones** para el futuro?~~

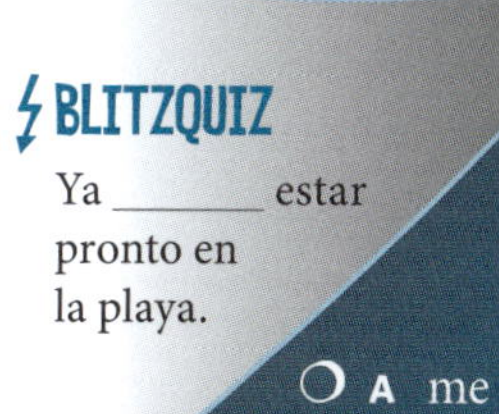

emocionante
spannend, aufregend, bewegend, rührend

~~**excitante**~~

Vorsicht, dieser falsche Freund aus dem Englischen kann zu einem peinlichen Missverständnis führen! **Excitante** bedeutet *sexuell erregend.*

Esta película es muy emocionante.
Dieser Film ist sehr spannend.
~~Esta película es muy **excitante**.~~

estar emocionado/-a
bewegt/ gerührt/ aufgeregt sein

~~**estar excitado/-a, * estar emocional**~~

Zu **excitado/-a** siehe oben! **Emocional** bezeichnet einen Charakterzug, der zu Bewegtheit, d. h. zu starken Emotionen neigt, daher mit **ser**.

¡Estoy muy emocionada de conocerte por fin!
Ich bin sehr aufgeregt/bewegt, dass ich dich endlich kennen lerne!
~~¡Estoy muy **excitada/emocional** de conocerte por fin!~~

estar avergonzado/-a / apenado /-a
verlegen, verschämt sein / sich schämen

~~*** estar embarazado/estar embarazada**~~

Torsten: ¿No estabas un poco embarazada cuando conociste a César en persona?

Ainhoa: Uf, ¿pero tú de qué hablas, chico? Además, ¡yo nunca he querido tener hijos, Torsten!

Ainhoa ist etwas eingeschnappt. Wie kann Torsten meinen, dass sie *ein bisschen schwanger* gewesen sein könnte, als sie César zum ersten Mal persönlich traf? Hier sind zwei falsche Freunde am Werk: *embarassed* vom Englischen bzw. *embarrassé* vom Französischen!

No debes estar avergonzado/apenado por decir tu opinión.
Du solltest dich nicht schämen, weil du deine Meinung sagst.

¿Estás embarazada? ¿Cuántos meses llevas?
Bist du schwanger? Im wievielten Monat bist du?

Lösung Blitzquiz
A

enamorarse de alguien
sich in jdn. verlieben

~~*enamorarse en alguien~~

Hier ist die Präposition anders als im Deutschen.

Desde el primer momento me enamoré de ti.
Schon im ersten Moment habe ich mich in dich verliebt.
~~Desde el primer momento **me enamoré en ti**.~~

extraño/-a
seltsam

~~extranjero/-a~~

Extranjero heißt *Ausländer* bzw. *ausländisch*, nicht *seltsam*!

Su conducta nos parece extraña.
Wir finden sein/ihr Benehmen seltsam.
~~Su conducta nos parece **extranjera**.~~

tener miedo
Angst haben

~~*tener mierdo~~

Oft wird das Wort **miedo** *(Angst)* falsch abgespeichert und heißt dann ***mierdo**, was kein spanisches Wort ist, aber äußerst ähnlich wie **mierda** *(Scheiße)* klingt – das kann peinlich werden!

No pasa nada, no tengas miedo.
Da passiert nichts, hab keine Angst.
~~No pasa nada, no **tengas mierdo**.~~

estar malo/-a
krank sein

~~ser malo/-a~~

Beschreibt man eine Person mit **malo/-a** in Kombination mit **estar**, dann bezeichnet man sie als *krank*; mit **ser** als *böse, schlecht* oder *schlimm*.

Jesús no puede venir porque está malo.
Jesús kann nicht kommen, weil er krank ist.
~~Jesús no puede venir porque **es malo**.~~

BLITZQUIZ

¿______ segura de que quieres decírselo a todos?

- A Eres
- B Estás

estar bueno/-a
wieder gesund sein/sexy sein

~~**ser bueno/-a**~~

Beschreibt man eine Person mit **bueno/-a** in Kombination mit **estar**, dann bezeichnet man sie als *wieder gesund*; mit **ser** als *gut(mütig), brav, nett* oder *lieb*. In der Umgangssprache kann **estar bueno** auch *knackig* oder *sexy* bedeuten!

Mami, ¿cuándo voy a estar bueno otra vez?
Mami, wann werde ich wieder gesund?
~~Mami, ¿cuándo voy a **ser bueno** otra vez?~~

tener hambre
Hunger haben

~~*** tener hombre**~~

Achtung, **hombre** heißt *Mann*!

¿Ya tienes hambre? Son casi las dos.
Hast du schon Hunger? Es ist fast zwei Uhr (mittags).
~~¿Ya **tienes hombre**? Son casi las dos.~~

QUIZ

Gefühle und Empfindungen

		A	B
1.	¡Has obtenido el primer lugar! Puedes ______ orgulloso de ti.	❍ A ser	❍ B estar
2.	Me encantan los latinoamericanos porque son muy ______.	❍ A alegres	❍ B allegros
3.	¿No ha llegado nadie todavía? ¡Qué ______!	❍ A extraño	❍ B extranjero
4.	Romeo se enamoró perdidamente ______ Julieta.	❍ A de	❍ B en
5.	Es ______ ver a los niños crecer.	❍ A excitante	❍ B emocionante

Lösungen
1. B, 2. A, 3. A, 4. A, 5. B

Lösung Blitzquiz
B

FEHLER NACH THEMEN

19. Gedankengänge und mentale Prozesse

interesarse por
sich interessieren für

~~* interesarse para~~

Nach **interesarse** *(sich interessieren)* ist die Präposition immer **por**.

Mucha gente se interesa por el medio ambiente.
Viele Leute interessieren sich für die Umwelt.
~~Mucha gente se interesa **para** el medio ambiente.~~

¡Ojo!

Es gibt zahlreiche Wendungen, die aus einem Verb, Adjektiv oder Substantiv + einer festen Präposition bestehen, z.B.: **interesarse por** *(sich interessieren für)*, **soñar con** *(Träumen von)* und **pensar en** *(denken an)*. Am besten lernen Sie diese immer zusammen!

soñar con
träumen von

~~* soñar de~~

Im Spanischen träumt man wortwörtlich *mit jemandem* bzw. *etwas*.

Anoche soñé con mis padres.
Gestern nacht habe ich von meinen Eltern geträumt.
~~Anoche **soñé de** mis padres.~~

pensar en
denken an

~~* pensar a~~

Auch hier sollte man die Präposition einfach mitlernen.

Relájate y no pienses más en tus problemas.
Entspann dich und denke nicht mehr an deine Probleme.
~~Relájate y no **pienses** más **a** tus problemas.~~

Pequeño detalle

Ohne Präposition bedeutet **pensar** + Infinitiv *vorhaben*, z. B. **Este año pensamos celebrar la fiesta en casa.** *(Dieses Jahr haben wir vor, das Fest zu Hause zu feiern.)*

planear
planen, vorhaben

~~planificar~~

Christine: Los domingos siempre planifico cosas diferentes con mis amigos.

Ernesto: Uff, eso me parece demasiado pesado, chica. ¿No puedes ser más espontánea?

Ernesto stellt sich wohl vor, dass Christine sozusagen eine Excel-Liste für ihre Treffen mit Freunden erstellen möchte! **Planificar** beschreibt nämlich eine detaillierte Planung, strukturiert durch die einzelnen Schritte. **Planear** deutet eher auf ein Vorhaben im Allgemeinen.

Niños, ¿dónde estáis? ¿No estaréis planeando alguna travesura?
Kinder, wo seid ihr? Ihr werdet wohl nicht gerade einen Streich planen?

El departamento de márketing planifica las nuevas campañas de publicidad.
Die Marketingabteilung plant die neuen Werbekampagnen.

el plan
der Plan, das Vorhaben

~~el plano~~

Im Unterschied zu **plan** *(Plan als Vorhaben)* ist ein **plano** ein *Plan* als bildliche Darstellung, z. B. eine Zeichnung, ein Umriss oder eine Stadtkarte.

¿Hay planes concretos para el fin de semana?
Gibt es konkrete Pläne für das Wochenende?
~~¿Hay planos concretos para el fin de semana?~~

una idea
eine Vorstellung/ Idee

~~**una imaginación/* imaguinación**~~

Sich vorstellen heißt zwar **imaginarse**, aber das Substantiv **imaginación** bedeutet *Vorstellungskraft, Fantasie,* z.B. **¡Tienes una gran imaginación!** *(Du hast eine große Vorstellungskraft!).* Dabei bitte die richtige Aussprache beachten [imaxina'θjon]! Für ein *mentales Bild* bzw. *Konzept, das man sich in Gedanken* vorstellt, verwendet man einfach **idea** *(Idee, Vorstellung).*

No tengo ninguna idea de lo que voy a hacer.
Ich habe keine Vorstellung davon, was ich tun werde.
~~No tengo ninguna **imaginación/imaguinación** de lo que voy a hacer.~~

¡Ojo!

Immer daran denken, dass das *g* in der Kombination **ge** und **gi** als ein deutsches *che, chi* ausgesprochen wird! Beispiele: **imaginarse** *(sich vorstellen)*, **imagen** *(Bild).*

creer
glauben

~~**crear**~~

Crear bedeutet *erschaffen*, da kann schon ein kleines Missverständnis entstehen.

Mónica, por favor no creas todo lo que se dice.
Mónica, bitte glaube nicht alles, was gesagt wird.
~~Mónica, por favor no **crees** todo lo que se dice.~~

conocer
kennen(lernen)

~~**saber**~~

Durch Anlehnung an das englische *know*, das sowohl *wissen* als auch *kennen(lernen)* bedeutet, entsteht dieser häufige Fehler.

¿Todavía no conocía usted esta ciudad?
Kannten Sie diese Stadt noch nicht?
~~¿Todavía no **sabía** usted esta ciudad?~~

BLITZQUIZ
Muchos niños se interesan ______ los dinosaurios.

- A por
- B para

Es bueno saberlo

Trifft man jemanden zum ersten Mal, verwendet man im Spanischen das Verb **conocer** und nicht **encontrar** *(zufällig begegnen, finden)*, z. B. **¿Dónde os conocisteis?** *(Wo habt ihr euch kennen gelernt?)*

saber
(Erlerntes) können

~~poder~~

Denise: No puedo esquiar.
Jaime: ¿Por qué, tienes algún problema?
Denise: No, es que nunca lo he aprendido.

Hier hätte Denise nicht **poder**, sondern **saber** verwenden sollen. **Saber** heißt nicht nur *wissen*, es kann sich auch auf eine Fähigkeit, die man erlernt hat, beziehen. **Poder** drückt die Möglichkeit aus, aus irgendeinem Grund etwas zu tun oder nicht.

- **¿Sabes esquiar?**
Kannst du Skifahren?

- **Sí, pero me he roto la pierna y ahora no puedo.**
Ja, aber ich habe mir das Bein gebrochen und momentan kann ich es nicht.

estar atento
aufpassen, aufmerksam sein, mitverfolgen

~~ser atento~~

Mit **ser atento** bezeichnet man eine Person, die gute Umgangsformen und Höflichkeit zeigt. Mit **estar atento** beschreibt man jemanden, der aufnahmefähig und wachsam etwas verfolgt.

Los ciudadanos están atentos a lo que pasa.
Die Bürger verfolgen mit, was passiert.
~~Los ciudadanos **son atentos** a lo que pasa.~~

Lösung Blitzquiz
A

enfocar
fokussieren

~~* focusar~~

Leider ist das spanische Wort dem deutschen nicht so ähnlich, wie es sich manche wünschen.

Tenemos que enfocar el problema de otra manera.
Wir müssen das Problem anders fokussieren.
~~Tenemos que **focusar** el problema de otra manera.~~

esperar
erwarten, warten, hoffen

~~* expectar~~

Auch wenn es im Spanischen das Wort **expectativa** *(Erwartung)* gibt, gibt es das Verb * **expectar** nicht.

¿Qué resultados esperáis?
Welche Ergebnisse erwartet ihr?
~~¿Qué resultados **expectáis**?~~

Pequeño detalle

Zu **esperar** *(warten, erwarten, hoffen)* gibt es mehrere Substantive: **la espera** *(die Wartezeit)*, **la esperanza** *(die Hoffnung)*, **la expectativa** *(die Erwartung)* und **la expectación** *(Spannung, Interesse)*.

realista
realistisch

~~* realístico~~

Aus Ähnlichkeit mit dem Englischen wird dieses Adjektiv häufig falsch gebildet.

Creo que tus expectativas no son realistas.
Ich denke, deine Erwartungen sind nicht realistisch.
~~Creo que tus expectativas no son **realisticas**.~~

teóricamente
theoretisch

~~* teoréticamente~~

Dieses Adverb wird auch häufig falsch gebildet.

Teóricamente podría funcionar así.
Das könnte theoretisch so funktionieren.
~~**Teoréticamente** podría ser posible.~~

BLITZQUIZ
Valeria sin duda tiene sus propias ______.

- A imaginaciones
- B ideas

darse cuenta (de)
erkennen, einsehen, begreifen, merken, realisieren

~~**realizar**~~

Hier sind falsche Freunde vom Englischen und Französischen am Werk. **Realizar** bedeutet auf Spanisch lediglich *aus-* bzw. *durchführen*, z. B. **Vamos a realizar este proyecto.** *(Wir werden dieses Projekt durchführen). Realisieren* als Bewusstmachung heißt **darse cuenta**.

No me di cuenta de mi error.
Ich habe meinen Fehler nicht bemerkt.
~~No **realicé** mi error.~~

¡Ojo!

Hätten Sie **proyecto** *(Projekt)* mit **j** geschrieben? Dann wäre die Aussprache *prochekto* gewesen.

el error, la equivocación
der Fehler, der Irrtum

~~**la falta**~~

Faltas weichen von den Regeln ab, z. B. **faltas ortográficas** *(Rechtschreibfehler).* **Error bzw. equivocación** bezeichnen darüber hinaus jegliche Unrichtigkeiten bzw. Fehlgriffe.

Esa decisión es un error/una equivocación.
Diese Entscheidung ist ein Fehler.
~~Esa decisión es **una falta**.~~

incorrecto/ equivocado
falsch (nicht richtig)

~~**falso**~~

Falso ist der Gegensatz zu **verdadero** *(wahr)* bzw. **auténtico** *(authentisch, nicht gefälscht).* **Incorrecto** und **equivocado** beziehen sich auf etwas, das verkehrt oder den Gegebenheiten nicht entsprechend angewendet wird.

Quizá este es el camino incorrecto/equivocado.
Vielleicht ist das der falsche Weg.
~~Quizá este es el camino **falso**.~~

Lösung Blitzquiz
B

reflexionar
nachdenken, überlegen, bedenken, reflektieren

~~reflejar, * reflectar~~

Sascha: Necesito tiempo para reflejar sobre eso.
Belén: Ja, ja. Vas a parecer un árbol de Navidad.

Wieso lacht Belén Sascha aus? **Reflejar** bedeutet im Spanischen nur **reflektieren** im Sinne von *Wellen bzw. Licht zurückwerfen*!

Necesitamos reflexionar sobre las desventajas de ese modelo.
Wir müssen über die Nachteile dieses Modells nachdenken.

La luna refleja la luz del sol.
Der Mond reflektiert das Sonnenlicht.

la ventaja
der Vorteil

~~* la aventaja~~

Das Verb **aventajar** *(übertreffen, überholen, den Vorteil geben)* hat zwar ein **a-** davor, aber das Substantiv nicht (anders als im Englischen oder Französischen).

Aprender idiomas tiene muchas ventajas.
Sprachenlernen hat viele Vorteile.
~~Aprender idiomas tiene muchas **aventajas**.~~

tener sentido
Sinn haben/ergeben

~~* hacer senso, * hacer sentido~~

* **Senso** ist ein falscher Freund des Italienischen, das spanische Wort heißt **sentido** *(Sinn)*. Die Wendung *Sinn machen*, die sich im Deutschen aus dem Englischen eingebürgert hat, wird im Spanischen mit **tener** *(haben)* und nicht mit **hacer** *(machen)* gebildet.

No tiene sentido esperar más.
Länger zu warten hat/ergibt keinen Sinn.
~~No hace sentido/senso esperar más.~~

BLITZQUIZ
Muchas veces sueño _______.

- A contigo
- B de ti

acordarse (de)
sich erinnern an

recordar
sich erinnern an, erinnern

~~* recordar(se) de~~

Recordar *(erinnern)* hat weder ein Reflexivpronomen noch eine Präposition und kann auch im Sinne von *jdn. erinnern* verwendet werden: **Le recuerdo su cita.** *(Ich erinnere Sie an Ihren Termin.)* Dies ist bei **acordarse (de)** nicht der Fall.

Te recuerdo **mucho./**Me acuerdo **mucho** de **ti.**
Ich erinnere mich oft an dich.
~~(Me) recuerdo mucho de ti.~~

?! QUIZ

Gedankengänge und mentale Prozesse

1. Marina y su novio ya tienen ______ de boda.
   ❍ A planos ❍ B planes
2. Tu hermano nunca va a cambiar. ¿Qué ______?
   ❍ A esperabas ❍ B expectabas
3. Otra vez he dicho el nombre ______, siempre los confundo.
   ❍ A falso ❍ B incorrecto
4. ¿No ______ al nuevo jefe de ventas? Se llama Alonso Cruz.
   ❍ A sabes ❍ B conoces
5. ¿______ qué estás pensando?
   ❍ A En ❍ B A
6. Me gustaría ______ sobre lo que me has propuesto. No es una decisión fácil para mí.
   ❍ A reflejar ❍ B reflexionar

Lösungen
1. B, 2. A, 3. B, 4. B, 5. A, 6. B

Lösung Blitzquiz
A

FEHLER NACH THEMEN

20. Zahlen und Mengen

un problema
ein Problem

~~* uno problema, * un~~

Tiago: ¿Cuántos postres vas a preparar?
Vanessa: Un.
Tiago: ¿Un qué?

Die Zahl *eins* ist mit dem unbestimmten Artikel identisch und wird dem Substantiv angepasst. Vor dem männlichen Substantiv wird es verkürzt zu **un**; erwähnt man das Substantiv nicht, so bleibt es **uno**.

Tengo un mejor amigo, solo uno.
Ich habe nur einen besten Freund, nur einen.

Tengo una mejor amiga, solo una.
Ich habe nur eine beste Freundin, nur eine.

dos, tres, seis
zwei, drei, sechs

~~* dós, trés, séis~~

Einsilbige Wörter tragen keinen geschriebenen Akzent, außer zur Unterscheidung der Bedeutung, z. B. **sí** *(ja)* im Gegensatz zu **si** *(ob, wenn)*.

Dos por tres son seis.
Zwei mal drei sind sechs.
~~Dós por trés son séis.~~

Pequeño detalle

Hier eine kleine Liste von weiteren einsilbigen Wörtern, die sich durch den Akzent unterscheiden: **el** *(der)* – **él** *(er)*, **mi** *(mein)* – **mí** *(mir, mich)*, **se** *(man, sich)*, **sé** *(ich weiß)*, **tu** *(dein)* – **tú** *(du)*.

cuatro
vier

~~* quattro~~

Im Spanischen wird die Lautfolge [kwa] **cua** geschrieben. Den Buchstaben **q** gibt es nur in der Kombination **que** und **qui** (wobei das **u** stumm ist). Zudem gibt es kein Doppel-**t** (siehe Kapitel 17).

Por favor envíenos cuatro cajas de cava.
Bitte schicken Sie uns vier Kisten Sekt.
~~Por favor envíenos **quattro** cajas de cava.~~

cuatro o cinco personas
vier oder fünf Personen

~~* cuatros o cincos personas~~

Mit der Ausnahme von *eins* und den Hundertern (siehe unten) werden Zahlen nicht angepasst!

Necesito una mesa para cuatro o cinco personas.
Ich brauche einen Tisch für vier oder fünf Personen.
~~Necesito una mesa para **cuatros** o **cincos** personas.~~

once, doce
11, 12

~~* onze, doze~~

Im Spanischen gibt es die Kombinationen **ze** und **zi** nicht.

Los grupos tienen once o doce alumnos.
Die Gruppen haben elf oder zwölf Schüler.
~~Los grupos tienen **onze** o **doze** alumnos.~~

¡Ojo!

Auch beim Plural muss man bei Wörtern, die auf **-z** enden, die Rechtschreibung anpassen, z. B. **una vez, dos veces** *(ein Mal, zwei Mal).*

trece, catorce
13, 14

~~* diez y tres, * diecitrés, * diecicuatro, * quatorce~~

Im Deutschen fängt man ab 13 mit dem System x-*Zehn* an, im Spanischen erst ab 16, wobei man die Zahl in Buchstaben als ein Wort schreibt (siehe unten). Achtung, **catorce** schreibt man mit **c** und ohne **u**!

¿Es hoy el día trece o el catorce?
Ist heute der dreizehnte oder der vierzehnte?
~~¿Es hoy el día **diez y tres/diecitrés** o el **diecicuatro/quatorce**?~~

dieciséis
16

~~seis, * diez y seis, * diezíseis~~

Stefan: Ahora que mi hijo tiene seis años, queremos comprarle un ciclomotor.

Elena: ¿Con seis años? Pero, ¿eso es legal en tu país? ¿No es demasiado pequeño?

Klar, Moped darf man mit sechs Jahren noch nicht fahren! Stefans Fehler stammt vom Französischen *seize* für 16. Ab 16 gilt: Zehner plus Einer; bis 30 in einem Wort, wobei das **y** zu **i** wird, also: * **diez y seis** > **dieciséis** *(16)*, **dieciocho** *(18)*, **veinticuatro** *(24)* usw.

¿Vas a cumplir ya dieciséis años?
Wirst du schon 16 Jahre alt?
~~¿Vas a cumplir ya **seis/diez y seis/diezíseis** años?~~

veinte
zwanzig

~~* viente~~

Oft sprechen Spanischlerner/innen diese Zahl falsch aus. Ein Trick: Denken Sie einfach an ein Schaf und fangen Sie mit *Beee* an, auch wenn Sie weiterzählen. Keine Sorge, niemand merkt's!

Esta blusa cuesta solo veinte euros.
Diese Bluse kostet nur 20 Euro.
~~Esta blusa cuesta solo **viente** euros.~~

veintiún años
21 Jahre

~~* **veinte y un años**, * **veintiuno años**, * **veintiún año**~~

Hier gelten die gleichen Regeln wie bei der Zahl *eins* (siehe oben). Bis 29 schreibt man die Zahl in einem Wort. Denken Sie zudem daran, dass ab *zwei* das Gezählte immer Plural ist.

Antes la edad para votar eran veintiún años.
Früher war das Wahlalter 21 Jahre.
~~Antes la edad para votar eran **veinte y un** años/**veintiuno** años/ veintiún **año**.~~

¡Ojo!

Zahlen, die auf **-n** oder **-s** enden und auf der letzten Silbe betont werden, tragen einen graphischen Akzent: **dieciséis** *(16)*, **veintiún** *(21)*, **veintidós** *(22)*, **veintitrés** *(23)*.

veintiuna personas
21 Personen

~~* **veintiún personas**, * **veintiuna persona**~~

Bei zusammengesetzten Zahlen, die eine *Eins* beinhalten, wird **una** verwendet, wenn ein weibliches Substantiv im Plural folgt. **Una** wird nicht abgekürzt.

Veintiuna personas se presentaron al puesto.
21 Personen bewarben sich für den Job.
~~**Veintiún** personas/Veintiuna **persona** se presentaron al puesto.~~

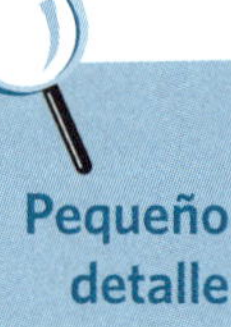

Pequeño detalle

Die Anpassung von **una** an ein weibliches Substantiv erfolgt auch, wenn **mil** *(Tausend)* dazwischen steht, z. B. **veintiuna mil personas** *(21.000 Personen)*.

treinta y tres
33

~~* **treintitrés**~~

Ab 30 werden die Zahlen in mehreren Wörtern geschrieben: Zehner und Einer werden durch **y** *(und)* verbunden.

Es el autobús número treinta y tres.
Das ist der Bus Nummer 33.
~~Es el autobús número **treintitrés**.~~

cincuenta
50

~~* **quincenta**, * **quinquenta**, * **cincuentas**~~

Die Zahl *Fünfzig* bereitet vielen Kopfzerbrechen.

Vamos a celebrar los cincuenta años de mi prima.
Wir werden den 50. Geburtstag meiner Cousine feiern.
~~Vamos a celebrar los **quincenta/quinquenta/cincuentas** años de mi prima.~~

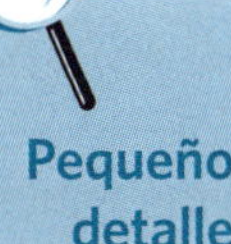

Pequeño detalle

Ein hilfreicher Trick ist es, sich zu merken, dass sich bei der Fünfer-Serie **ci** und **qui** abwechseln, also **cinco** *(5)*, **quince** *(15)*, **cincuenta** *(50)*, **quinientos** *(500)*.

cien cosas
100 Sachen

~~* **ciento cosas**, * **cientas cosas**~~

100 heißt **cien** und ist unveränderlich.

Hay cien cosas que ver en la ciudad.
In der Stadt gibt es hundert Sachen zu sehen.
~~Hay **ciento/cientas cosas** que ver en la ciudad.~~

ciento uno, ciento dos
101, 102

~~* **cien y uno**, * **ciento y dos**~~

Ab 101 heißt *Hundert* **ciento** und ist unveränderlich. Zwischen Hunderter und Einer steht kein **y**, nur zwischen Zehner und Einer!

Abrid la página ciento dos del libro.
Öffnet die Seite 102 im Buch.
~~Abrid la página **cien y dos/ciento y dos** del libro.~~

doscientas cartas
200 Briefe

~~* doscientos cartas~~

Folgt ein weibliches Substantiv, enden die Hunderter auf **-as**. Das geschieht auch dann, wenn **mil** *(Tausend)* dazwischen steht, z. B. **doscientas mil cartas** *(200.000 Briefe)*.

Escriban una redacción de doscientas palabras.
Schreiben Sie einen Aufsatz von 200 Wörtern.
~~Escriban una redacción de **doscientos** palabras.~~

quinientos
500

~~* cincocientos, * quincientos~~

Schade! * **Cincocientos** wäre schon logisch, aber leider heißt es nicht so! Der zweite Fehler kommt schon näher, ist jedoch trotzdem falsch.

Esta catedral tiene más de quinientos años.
Diese Kathedrale ist älter als 500 Jahre.
~~Esta catedral tiene más de **cincocientos/quincientos** años.~~

setecientos, novecientos
700, 900

~~* sietecientos, * nuevecientos~~

Bei diesen Zahlen muss man bedenken, dass sie anders als **siete** *(7)* und **nueve** *(9)* keinen Diphtong haben.

El año pasado vendimos setecientos productos, este, novecientos.
Im letzten Jahr verkauften wir 700 Produkte, in diesem 900.
~~El año pasado vendimos **sietecientos** productos, este, **nuevecientos**.~~

mil
1000

~~* mile, * mille, * mil de~~

Mil *(Tausend)* ist unveränderlich und hat nur drei Buchstaben. Nach **mil** folgt keine Präposition.

El terreno mide mil metros cuadrados.
Das Grundstück ist 1000 Quadratmeter groß.
~~El terreno mide **mile/mille/mil de** metros cuadrados.~~

Lösung Blitzquiz
A

Es bueno saberlo

Tausende (von) heißt **miles de**; parallel dazu heißt *Hunderte (von)* **cientos de**, z. B. **Esperábamos a miles de activistas pero solo vinieron cientos de curiosos.** *(Wir erwarteten Tausende Aktivisten, aber es kamen nur Hunderte Neugierige).*

un millón
eine Million

~~* **un million**, * **un milón**~~

Millón *(Million)* hat im Spanischen zwei **l**, aber nur ein **i**. Außerdem ist es männlich. Den Akzent auf dem **o** bitte nicht vergessen!

¿Ganaste un millón en la lotería? ¡Fantástico!
Hast du eine Million im Lotto gewonnen? Fantastisch!
~~¿Ganaste **un million/milón** en la lotería? ¡Fantástico!~~

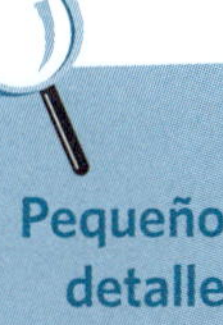

Pequeño detalle

Ist das letzte Wort der Zahl **millón** oder **millones**, dann steht vor dem Substantiv die Präposition **de**, z. B. **Costa Rica tiene casi cinco millones <u>de</u> habitantes.** *(Costa Rica hat fast fünf Millionen Einwohner).*

mil millones
eine Milliarde

~~**un millardo**, * **un billón**~~

Beim Zählen verwendet man das seltene Substantiv **millardo** nicht. Der zweite Begriff stammt vom englischen Zählsystem, in dem *billion* einer Milliarde entspricht. Dieses Wort gibt es im Spanischen nicht.

La deuda es de mil millones.
Die Schulden betragen eine Milliarde.
~~La deuda es de **un millardo/un billón**.~~

el primero
der erste

~~el primo~~

Aufgepasst, **primo** heißt *Cousin*!

Miguel es el primero de la fila en el desfile.
Miguel ist der erste der Reihe im Umzug.
~~Miguel es **el primo** de la fila en el desfile.~~

el primer capítulo, la primera parte
das 1. Kapitel, der 1. Teil

~~* el primero capítulo, * la primer parte~~

Ordinalzahlen werden an das Substantiv angepasst. Darüber hinaus werden **primero** *(1.)* und **tercero** *(3.)* nur vor männlichen Substantiven gekürzt zu **primer** bzw. **tercer**.

La primera parte del primer capítulo es confusa.
Der erste Teil des ersten Kapitels ist verwirrend.
~~La **primer parte** del primero **capítulo** es confusa.~~

Pequeño detalle

Die Ordnungszahlen von 1 bis 10 sind im Alltag gebräuchlich, danach werden meistens Grundzahlen verwendet. Dabei zeigt die numerische Darstellung der Ordinalzahlen die entsprechenden Endungen: el **1.° de enero** *(der 1. Januar)*; **el 1.er lugar** *(der 1. Platz)*; **la 1.ª medalla** *(die 1. Medaille).*

el cuarto trimestre
das 4. Quartal

~~* el cuatro trimestre~~

Manche verwechseln **cuatro** *(vier)* und **cuarto** *(vierte/r/s).*

Este es el informe del cuarto trimestre.
Das ist der Bericht des vierten Quartals.
~~Este es el informe del **cuatro** trimestre.~~

Carlos Quinto
Karl der V.

~~* Carlos el Quinto~~

Bei Herrschernamen werden Ordnungszahlen mit römischen Ziffern geschrieben und man verwendet – im Unterschied zum Deutschen – keinen Artikel.

Este es un retrato del rey Felipe IV (Felipe Cuarto).
Das ist ein Porträt des Königs Philip des Vierten.
~~Este es un retrato del rey **Felipe el Cuarto**.~~

un kilo de jamón
ein Kilo Schinken

~~**un kilogramo de jamón, * un kilo jamón**~~

Im Alltag ist das ganze Wort **kilogramo** *(Kilogramm)* unüblich. Zwischen einer Mengenangabe (sei es eine Maßeinheit, eine Verpackung oder ein Gefäß) und dem „Inhalt" steht die Präposition **de**, z. B. **una caja de bombones** *(eine Schachtel Pralinen)*, **un vaso de agua** *(ein Glas Wasser)*, **un kilo de jamón** *(ein Kilo Schinken)*.

¿Me da por favor un kilo de queso?
Geben Sie mir bitte ein Kilo Käse?
~~¿Me da por favor **un kilogramo de/un kilo** queso?~~

medio litro
ein halber Liter

~~* un medio litro~~

Vor **medio** *(halb)* steht kein **un**!

Esta botella, ¿tiene medio litro?
Fasst diese Flasche einen halben Liter?
~~Esta botella, ¿tiene **un medio** litro?~~

Pequeño detalle

Vor Zahlen, Maßeinheiten und Mengenangaben bedeutet **un** *ungefähr, circa*, z. B. **un medio kilo de harina** *(ungefähr ein halbes Kilo Mehl)*.

BLITZQUIZ

Hay un libro muy famoso que se llama "Las ______ y una noches".

- A mille
- B mil

un litro y medio
eineinhalb/ anderthalb Liter

~~* **uno y medio litros**~~

Im Spanischen steht erst die ganze Zahl bzw. Menge und der Bruchteil (z. B. 1/2, 1/4 usw.) danach. Bei **un/una** *(ein/e)* bleibt das Substantiv im Singular.

Hemos esperado más de una hora y media.
Wie haben über eineinhalb Stunden gewartet.
~~Hemos esperado más de **una y media horas**.~~

el kilómetro
das Kilometer

~~* **el kilometro**~~

Die Betonung im Spanischen ist anders als im Deutschen! Achten Sie auf den Akzent.

Nos faltan solo cinco kilómetros para llegar.
Uns bleiben nur noch fünf Kilometer, um anzukommen.
~~Nos faltan solo cinco **kilometros** para llegar.~~

el/un setenta por ciento
siebzig Prozent

~~* **setentas por cientos**~~

Vor Prozentzahlen steht generell der Artikel (**el** oder **un**). Weder der Ausdruck **por ciento** *(Prozent)* noch die Zehner haben ein **-s** dahinter!

Podéis ahorrar un cincuenta por ciento.
Ihr könnt 50 Prozent sparen.
~~Podéis ahorrar **cincuentas por cientos**.~~

la mayoría
die Mehrheit

~~* **la mayoridad**~~

Aufgepasst, hier lauert ein falscher Freund vom englischen *(majority)* und Französischen *(majorité)*.

¿Qué opina la mayoría de la gente sobre eso?
Was meint die Mehrheit der Leute darüber?
~~¿Qué opina **la mayoridad** de la gente sobre eso?~~

Lösung Blitzquiz
B

QUIZ
Zahlen und Mengen

1. Mi sobrina Verónica ya ha cumplido ______ años. ❍ A veintiún ❍ B veintiuno

2. En el festival muestran ______ películas. ❍ A ciento una ❍ B cien y una

3. Este abrigo de cuero cuesta ______ euros. ❍ A sietecientos ❍ B setecientos

4. Arturo es muy puntual, siempre es el ______ en llegar. ❍ A primo ❍ B primero

5. En 1952, Isabel ______ se convirtió en la reina del Reino Unido. ❍ A Segunda ❍ B la Segunda

6. Por supuesto, esperamos obtener la ______ de los votos. ❍ A mayoría ❍ B mayoridad

7. La conquista de América comenzó hace más de ______ años. ❍ A cincocientos ❍ B quinientos

8. Te he tratado de llamar ______ veces. ❍ A cuatro ❍ B cuatros

9. Tienes que pesar bien las cantidades. Primero pon ______ kilo de margarina. ❍ A un medio ❍ B medio

10. Hoy hay rebajas del treinta ______ en toda la tienda ❍ A por ciento ❍ B por cientos

11. Era una noche maravillosa con un ______ de estrellas en el cielo. ❍ A million ❍ B millón

Lösungen

1. A, 2. A, 3. B, 4. B, 5. A, 6. A, 7. B,
8. A, 9. B, 10. A, 11. B

FEHLER NACH GRAMMATIKTHEMEN

21. Das Substantiv und seine Begleiter

estas reglas son muy fáciles
die Regeln sind sehr leicht

~~* este reglas son muy fácil~~

Egal, wie weit entfernt sie voneinander sind, müssen alle Begleiter des Substantivs mit ihm in Geschlecht und Zahl übereinstimmen. Dazu zählen Artikel, Adjektiv, Possessiv-, Demonstrativ-, Indefinit- und einige Fragebegleiter.

¿Vendrán tus amigas? Son muy simpáticas.
Kommen deine Freundinnen? Sie sind sehr nett.
~~¿Vendrán tu amigas? Son muy simpático.~~

la mujer
die Frau

~~* el mujer~~

Auch wenn das Wort nicht auf **-a** endet, eine Frau ist das Paradebeispiel für Weiblichkeit!

¿Qué os ha dicho esa mujer tan guapa?
Was hat euch diese so hübsche Frau gesagt?
~~¿Qué os ha dicho ese mujer tan guapo?~~

la habitación
das Zimmer

~~* el habitación~~

Wörter, die auf **-ción** oder **-sión** enden, sind feminin.

Esta es la habitación de los niños.
Das ist das Kinderzimmer.
~~Este es el habitación de los niños.~~

el problema, el sistema
das Problem, das System

~~* la problema, * la sistema~~

Wörter auf **-ma**, die aus dem Griechischen stammen, sind im Spanischen maskulin. (Siehe ¡Ojo! Kapitel 14).

Tengo un problema muy gordo.
Ich habe ein riesiges Problem.
~~Tengo una problema muy gorda.~~

el viaje
die Reise

~~* **la viaje**~~

Wörter auf -**aje** sind maskulin. Dazu gehören: **el equipaje** *(das Gepäck)*, **el masaje** *(die Massage)* und **el traje** *(der Anzug)*.

Necesitamos mucho equipaje para este viaje.
Für diese Reise brauchen wir viel Gepäck.
~~Necesitamos **mucha equipaje** para **esta viaje**.~~

la estudiante
die Studentin

~~* **la estudianta**~~

Generell haben Personenbezeichnungen, die auf -**nte** enden, für maskulin und feminin die gleiche Endung.

Marta López es una estudiante muy inteligente.
Marta López ist eine sehr intelligente Studentin.
~~Marta López es **una estudianta** muy inteligente.~~

Pequeño detalle

Eine weibliche Form auf **-nta** haben **presidente/-a** *(Präsident/in)*, **dependiente/-a** *(Verkäufer/in)*, **cliente/-a** *(Kunde/Kundin)* und – mehr in Lateinamerika als in Spanien – **gerente/-a** *(Geschäftsführer/in)*.

la foto
das Foto

~~* **el foto**~~

Die allermeisten Substantive auf **-o** sind männlich, das erklärt diesen Fehler. **Foto** ist aber die Abkürzung für **fotografía** *(Fotografie)*. Parallel dazu: **la moto(cicleta)** *(das Motorrad)*, **la disco(teca)** *(die Disco[thek])*.

¿Puedo hacerle una foto?
Darf ich ein Foto von Ihnen machen?
~~¿Puedo hacerle **un foto**?~~

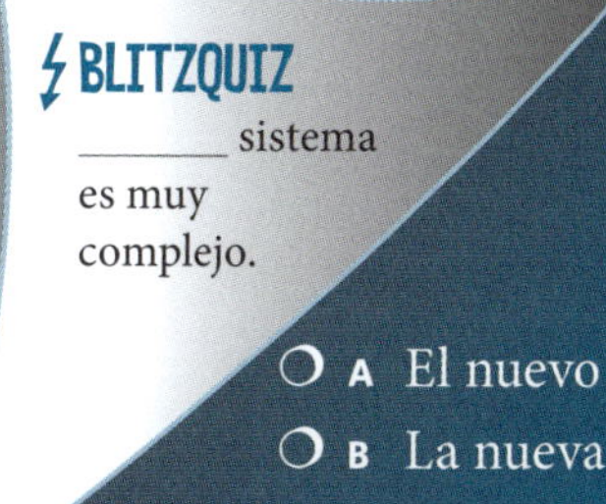

el arma peligrosa
die gefährliche Waffe

~~* la arma peligrosa~~

Vor weiblichen Substantiven, die mit **a**- oder **ha**- anfangen, steht im Singular der männliche Artikel, es sei denn, ein anderes Wort steht dazwischen, z. B. **la única arma** *(die einzige Waffe)*. Dazugehörige Adjektive sind feminin!

El agua de mar es muy salada.
Das Meerwasser ist sehr salzig.
~~La agua de mar es muy salada.~~

la parte
der Teil

~~* el parte~~

Wörter auf -**e** muss man mit dem Artikel lernen. Manche sind im Geschlecht anders als im Deutschen!

¡No te pierdas la última parte de la serie!
Verpass nicht den letzten Teil der Serie!
~~¡No te pierdas el último parte de la serie!~~

¡Ojo!

Männlich sind **el baile** *(der Tanz)*, **el chocolate** *(die Schokolade)*, **el coche** *(das Auto)*, **el puente** *(die Brücke)*; weiblich sind **la serie (die Serie), la calle** *(die Straße)*, **la fuente** *(der Brunnen)*, **la clase** *(der Unterricht)*, **la leche** *(die Milch)* und **la costumbre** *(der Brauch, die Sitte)*.

lo mejor
das Beste

~~el mejor~~

Mit **lo** als Artikel macht man aus einem Adjektiv ein Substantiv. **El mejor** bezieht sich auf ein männliches Substantiv, z. B. **De los postres, el flan es el mejor.** *(Von den Desserts ist der Karamellpudding das beste).*

Lo mejor de la comida es el postre.
Das Beste am Essen ist das Dessert.
~~El mejor de la comida es el postre.~~

Lösung Blitzquiz
A

mucha gente
viele Leute

~~* **muchas gentes**~~

Gente *(Leute)* ist im Spanischen Singular.

¿Sabéis cuánta gente vendrá a la fiesta?
Wisst ihr, wie viele Leute zur Party kommen werden?
~~¿Sabéis **cuántas gentes vendrán** a la fiesta?~~

las gafas
die Brille

~~* **la gafa**~~

Einige Wörter sind im Spanischen Plural, weil sie Dinge bezeichnen, die aus zwei Bestandteilen bestehen. Genauso: **las tijeras** *(die Schere)* und **los pantalones** *(die Hose)*.

No sé dónde he dejado mis gafas.
Ich weiß nicht, wo ich meine Brille gelassen habe.
~~No sé dónde he dejado **mi gafa**.~~

los antibióticos
die Antibiotika

~~* **los antibiótica**~~

Im Spanischen gibt es keine Pluralformen auf **-a**.

Me han recetado antibióticos.
Mir wurden Antibiotika verschrieben.
~~Me han recetado **antibiótica**.~~

los turistas
die Touristen

~~**las turistas**, * **los turistos**~~

Jannick: ¿Hay impuestos para las turistas?
Salma: Sí, ¡pero no solo para ellas, también para ellos!

Wörter auf **-ista** haben für männlich und weiblich die gleiche Endung, * **turistos** gibt es also nicht!

Aquí vienen muchos turistas.
Viele Touristen und Touristinnen kommen hierher.

Muchas turistas compran nuestros bikinis.
Viele Touristinnen kaufen unsere Bikinis.

los ordenadores
Computer

~~**ordenadores**~~

Spricht man über eine Gattung bzw. eine Gesamtheit, verwendet man im Spanischen den bestimmten Artikel.

Los ordenadores son una gran ayuda en la vida.
Computer sind eine große Hilfe im Leben.
~~**Ordenadores** son una gran ayuda en la vida.~~

la señora Molina
Frau Molina

~~**señora Molina**~~

Vor der Anredeform, dem Titel oder der Berufsbezeichnung und dem Nachnamen steht der bestimmte Artikel. Ausnahme: Man spricht die Person direkt an.

Señor Gil, ahora lo atiende la doctora Rojo.
Herr Gil, Frau Doktor Rojo kümmert sich gleich um Sie.
~~Señor Gil, ahora lo atiende **doctora Rojo**.~~

Pequeño detalle

Man spricht über ein Ehepaar bzw. eine Familie mit **los (señores)** + Nachnamen im Singular: **Los (señores) Molina viven en Quito.** *(Ehepaar/Familie Molina wohnt in Quito.)*

las horas punta
die Stoßzeit, die Hauptverkehrszeit

~~*** las horas puntas**~~

Substantive, die aus zwei Wörtern zusammengesetzt sind, fügen nur beim ersten Wort die Pluralendung an.

Tengo que trabajar horas extra esta semana.
Ich muss diese Woche Überstunden machen.
~~Tengo que trabajar **horas extras** esta semana.~~

tener novio/-a
eine/n feste/n Freund/in haben

~~**tener un/a novio/-a**~~

Martina: ¿Crees que Eva tiene un novio?
Alberto: Jaja, uno por lo menos, ¡Eva es muy guapa!

Der unbestimmte Artikel steht nach **tener** *(haben)* nur, wenn das Substantiv näher beschrieben wird. Meint man *„überhaupt"*, benutzt man keinen Artikel.

Lina nunca había tenido novio.
Lina hatte noch nie einen festen Freund gehabt.

Ahora tiene un novio muy simpático.
Nun hat sie einen sehr netten Freund.

otra cerveza
noch ein Bier

~~*** una otra cerveza**~~

Vor **otro/-a** *(noch ein/e, ein/e andere/r/s)* steht kein unbestimmter Artikel!

Dímelo otra vez.
Sag es mir noch einmal.
~~Dímelo **una otra** vez.~~

es bueno/-a
es ist gut

es malo/-a
es ist schlecht

~~***es bien/mal**~~

Bien *(gut)* und **mal** *(schlecht)* sind Adverbien, keine Adjektive. Daher können sie kein Substantiv begleiten und stehen nie bei **ser** *(sein).*

Este restaurante es muy bueno.
Dieses Restaurant ist sehr gut.
~~Este restaurante es muy **bien**.~~

mi gran ilusión
mein großer Traum

~~*** mi grande ilusión**~~

Grande *(groß)* vor dem Substantiv verliert die Endung **-de** und verändert oftmals die Bedeutung zu *großartig.*

Gabriela es una gran amiga.
Gabriela ist eine großartige Freundin.
~~Gabriela es una **grande** amiga.~~

¡Ojo!

Auch die maskulinen Singular-Formen **bueno** *(gut)* und **malo** *(schlecht)* verlieren das **-o**, wenn sie vorangestellt werden: **un buen/mal vino** *(ein guter/schlechter Wein).*

un hombre pobre
ein armer Mann

~~**un pobre hombre**~~

Normalerweise steht das Adjektiv hinter dem Substantiv. Bei Voranstellung ändern manche die Bedeutung, so wie bei **un pobre hombre** *(ein armseliger Mann).*

Borja es un hombre pobre, pero honrado.
Borja ist ein armer Mann, aber er ist anständig.
~~Borja es **un pobre hombre**, pero honrado.~~

nuestra familia
unsere Familie

~~*** nosotros familia**~~

Oft verwechseln Spanischlerner/innen Pronomen mit Possessivbegleitern. **Nosotros** heißt *wir*! Possessivbegleiter werden an das Substantiv angepasst.

Nuestra familia se reúne los fines de semana.
Unsere Familie trifft sich am Wochenende.
~~**Nosotros familia** se reúne los fines de semana.~~

mi casa
mein Haus

~~*** mía casa, * la casa mía**~~

Hier sind falsche Freunde aus dem Italienischen am Werk.

Te invito a mi casa.
Ich lade dich in unser Haus ein.
~~Te invito a **mía casa/a la casa mía**.~~

Es bueno saberlo

Mit dem unbestimmten Artikel + Substantiv drücken die betonten Possessivbegleiter aus, dass es um ein/e/n von mehreren geht: **Miguel es un amigo mío.** *(Miguel ist einer meiner Freunde/ein Freund von mir).* * **Miguel es un amigo de mí** ist falsch!

el paraguas
der/dein Schirm

~~tu paraguas~~

Bei Kleidung, Accessoires und Körperteilen: Wenn es klar ist, wer der Besitzer ist, wird der bestimmte Artikel statt einem Possessivbegleiter verwendet (siehe Kapitel 9).

Quítate las botas antes de entrar.
Zieh deine Stiefel aus, bevor du eintrittst.
~~Quítate tus botas antes de entrar.~~

¿qué película?
welcher Film?

~~* ¿cuál película?~~

Cuál/es ist ein Fragepronomen, kein Begleiter. Steht also ein Substantiv dabei, dann übersetzt man *welche/r/s* mit **qué**.

¿Qué película quieres ver?
Welchen Film möchtest du sehen?
~~¿Cuál película quieres ver?~~

cada documento
jedes (einzelne) Dokument

~~* cado documento~~

Cada *(jeder einzelne)* ist unveränderlich.

Cada detalle es importante.
Jedes Detail ist wichtig.
~~Cado detalle es importante.~~

todos los hoteles
alle Hotels

~~* todos hoteles~~

Zwischen **todo/-a,-os,-as** *(ganz/er/s, alle, jede/r/s)* und einem Substantiv steht immer der bestimmte Artikel.

Todos los hoteles están llenos.
Alle Hotels sind voll.
~~Todos hoteles están llenos.~~

Es bueno saberlo

Todo el día bedeutet *den ganzen Tag*, **todos los días**, *jeden Tag*. Beispiel: **Te veo todos los días pero no todo el día.** *(Ich sehe dich jeden Tag, aber nicht den ganzen Tag).*

QUIZ
Das Substantiv und seine Begleiter

1. Buscamos personas ______ y ______.
   - ❍ A trabajadoras, eficientes
   - ❍ B trabajadores, eficiente

2. No sé dónde he puesto ______ llaves de casa.
   - ❍ A mis
   - ❍ B las

3. No me gusta ducharme con agua ______.
   - ❍ A fría
   - ❍ B frío

4. Si no te gusta la coliflor, puedo prepararte ______ cosa.
   - ❍ A otra
   - ❍ B una otra

5. ¿Dónde trabaja ______ Herrera?
   - ❍ A señor
   - ❍ B el señor

6. Algunos padres creen que sus hijos son niños ______.
   - ❍ A prodigio
   - ❍ B prodigios

7. ¿______ tapas pedimos?
   - ❍ A Qué
   - ❍ B Cuáles

8. Prueba esta receta, es realmente ______.
   - ❍ A bien
   - ❍ B buena

9. No ______ pájaros vuelan.
   - ❍ A todos
   - ❍ B todos los

10. ______ ayudan a tener una vida más relajada y positiva.
    - ❍ A Las mascotas
    - ❍ B Mascotas

11. Hoy voy al concierto de mi ______ favorita.
    - ❍ A cantanta
    - ❍ B cantante

12. Te voy a mostrar ______ foto de mis vacaciones.
    - ❍ A una
    - ❍ B un

Lösungen

1. A, 2. B, 3. A, 4. A, 5. B, 6. A, 7. A, 8. B, 9. B, 10. A, 11. B, 12. A

FEHLER NACH GRAMMATIKTHEMEN

22. Adverbien und adverbiale Bestimmungen

muy
sehr

~~* **mucho**~~

Sehr vor Adjektiv/Adverb heißt **muy**.

Este tren es muy rápido, viaja muy rápidamente.
Dieser Zug ist sehr schnell, er fährt sehr schnell.
~~Este tren es **mucho** rápido, viaja **mucho** rápidamente.~~

mucho
sehr/viel

~~* **muy**~~

Nach einem Verb heißt *viel* **mucho**.

Érica ha estudiado mucho para el examen.
Érica hat für die Prüfung viel gelernt.
~~Érica ha estudiado **muy** para el examen.~~

¡Ojo!

Auch nach **me gusta** *(mögen, gerne haben)* steht **mucho** und wird ins Deutsche als *sehr* übersetzt (vgl. Kapitel 5): **Este helado me gusta mucho.** *(Ich mag dieses Eis sehr [gut]).*

absolutamente fantástico
absolut fantastisch

~~* **muy fantástico**~~

Adjektive, deren Bedeutung eine sehr hohe Intensität ausdrückt, kann man nicht mit **muy** steigern. Dazu gehören **perfecto** *(perfekt)*, **increíble** *(unglaublich)*, **maravilloso** *(wunderbar)* oder **fatal** *(schrecklich, übel)*. Hierfür muss man andere Adverbien wie **absolutamente** *(absolut)* oder **realmente** *(wirklich)* nehmen.

El paisaje es absolutamente fantástico.
Die Landschaft ist absolut fantastisch.
~~El paisaje es **muy fantástico**.~~

me fascina absolutamente
es begeistert mich (sehr)

~~* **me fascina mucho**~~

Auch Verben, deren Bedeutung eine hohe Intensität hat, werden nicht mit **mucho** gesteigert (Vgl. Kapitel 5).

Esa historia me fascina absolutamente.
Diese Geschichte fasziniert mich sehr.
~~Esa historia **me fascina mucho**.~~

bien/mal
gut/schlecht

~~* **buen(o)/-a, mal(o)/-a**~~

Bueno/-a sind Adjektive und beschreiben Substantive. **Bien** und **mal** sind Adverbien.

Tenemos que hacer las cosas bien.
Wir müssen die Dinge gut machen.
~~Tenemos que hacer las cosas **buen/bueno**.~~

correctamente
richtig

~~**correcto/-a**~~

Melina: No has escrito el apellido correcto.
David: ¿Cómo que no? Si conozco bien al cliente. Se llama Robert Maier.
Melina: Sí, pero se escribe con **e**, no con **a**.

Hier beruht das Missverständnis auf der Verwechslung von Adjektiv und Adverb. Melina wollte sagen: **No has escrito el apellido correctamente.** *(Du hast den Namen nicht richtig geschrieben).* Sie hat jedoch David getadelt, weil er sich mit dem *richtigen Namen* des Kunden vertan haben soll.

Este es un error frecuente.
Das ist ein häufiger Fehler.

La gente frecuentemente comete errores.
Leute machen häufig Fehler.

Pequeño detalle

Wegen dem Englischen *frequent(ly)* wird **frecuente(mente)** oft fälschlicherweise mit **q** geschrieben. Merke: Klingt es **[ku]**, dann entspricht die spanische Rechtschreibung **cu.**

normalmente
normalerweise

~~* normalamente~~

Wie leitet man ein Adverb ab? Indem man an die feminine Form des Adjektivs **-mente** anhängt, z. B. **correcta** > **correctamente**. Adjektive, die auf **-e** oder auf Konsonant enden, haben die gleiche Form für maskulin und feminin, daher: **normal** > **normalmente**.

Normalmente no llueve en esta época del año.
Normalerweise regnet es in dieser Jahreszeit nicht.
~~Normalamente no llueve en esta época del año.~~

inmediatamente
sofort

~~* immediamente~~

Einige Spanischlerner/innen kürzen dieses Adverb gerne; außerdem gibt es im Spanischen kein Doppel-**m**.

Hay que solucionar el problema inmediatamente.
Man muss das Problem sofort lösen.
~~Hay que solucionar el problema immediamente.~~

desafortunadamente/lamentablemente
leider

~~* lástimamente~~

¡Qué lástima! *(Wie schade!) Leider* wird von diesem Ausdruck leider nicht abgeleitet.

Desafortunadamente/Lamentablemente van a cerrar el negocio.
Leider wird das Geschäft geschlossen.
~~Lástimamente van a cerrar el negocio.~~

afortunadamente
glücklicherweise

~~* fortunadamente~~

Hier brauchen wir ein **a** vor dem gütigen Einfluss der Fortuna.

Afortunadamente, la operación ha salido bien.
Glücklicherweise ist die Operation gut verlaufen.
~~Fortunadamente, la operación ha salido bien.~~

realmente
wirklich, tatsächlich, eigentlich

~~**actualmente**~~

Hier ist der englische falsche Freund *actually* am Werk. **Actualmente** bedeutet *zurzeit* oder *heutzutage*.

Mira, esto realmente no es complicado.
Schau, das ist wirklich/eigentlich nicht kompliziert.
~~Mira, esto **actualmente** no es complicado.~~

suficientemente/ bastante
ziemlich, genug, genügend

~~* **bastantemente**~~

Bastante hat keine abgeleitete Adverbform, **suficiente** schon.

El salón no es suficientemente/bastante grande.
Der Saal ist nicht groß genug.
~~El salón no es **bastantemente** grande.~~

muchísimo
sehr viel

~~**muy mucho**~~

Muy mucho ist zwar nicht falsch, wird aber ausschließlich sehr umganssprachlich verwendet. Die Form **muchísimo** ist viel verbreiteter.

Señores, se equivocan muchísimo.
Meine Herrschaften, Sie irren gewaltig.
~~Señores, se equivocan **muy mucho**.~~

tanto
so sehr, so viel

~~* **tan mucho**~~

Aufgepasst, hier darf man nicht vom Deutschen direkt übersetzen.

¡Mi abuela me quiere tanto!
Meine Oma liebt mich so sehr!
~~¡Mi abuela me quiere **tan mucho**!~~

Lösung Blitzquiz
B

conversar agradablemente
nett plaudern, sich nett unterhalten

~~*~~ ~~**conversar simpático**~~

Auch hier kann man nicht direkt übersetzen.

Me gusta conversar agradablemente con mis colegas.
Ich mag es, mit meinen Kollegen nett zu plaudern.
~~Me gusta **conversar simpático** con mis colegas.~~

ducharse con agua fría
kalt duschen

~~*~~ ~~**ducharse fríamente**~~

Einige Adverbien im Deutschen haben keine 1:1 spanische Entsprechung und müssen ganz anders ausgedrückt werden. **Fríamente** bedeutet *kalt* im Sinne von *ohne Regung*, aber gehört nicht zum Duschen.

Ducharse con agua fría es muy saludable.
Kalt duschen ist sehr gesund.
~~**Ducharse fríamente** es muy saludable.~~

FEHLER NACH GRAMMATIKTHEMEN

23. Vergleich

tan + Adj./ Adv. + como
so + Adj/ Adv. + wie

~~* tan + Adj./Adv. que~~

Mit dieser festen Struktur drückt man im Vergleich den gleichen Grad aus.

Hablas español casi tan bien como yo.
Du sprichst Spanisch fast so gut wie ich.
~~Hablas español casi **tan bien que** yo.~~

tantas cosas como
so viele Sachen wie

~~* tanto cosas como/que~~

Beim Vergleich von Substantiven muss man darauf achten, dass **tanto/-a** *(so viel/e)* als Begleiter fungiert, und daher angepasst werden muss.

Hoy hay tantas cosas que hacer como ayer.
Heute gibt es so viele Dinge zu tun wie gestern.
~~Hoy hay **tanto cosas** que hacer **como/que** ayer.~~

Verb + tanto como
Verb + so sehr, so viel wie

~~* Verb + tan mucho como, * Verb + tanta como~~

Wird beim Vergleich der Verben Gleichheit ausgedrückt, dann folgt der feste unveränderliche Ausdruck **tanto como** direkt danach.

Rosario trabaja tanto como cualquiera.
Rosario arbeitet so viel wie jeder andere.
~~Rosario trabaja **tan mucho como/tanta como** cualquiera.~~

más/menos (...) que
mehr/weniger (...) als

~~* más/menos (...) como~~

Ungleichheit wird anders als im Deutschen ausgedrückt, und zwar mit der festen Struktur **más** *(mehr)***/menos** *(weniger)* (Substantiv/ Adjektiv/Adverb/Verb) + **que**. Ist das Substantiv vom Kontext klar, kann man es weglassen.

Lösung Blitzquiz
A

Tengo menos (dinero) que **vosotros.**
Ich habe weniger (Geld) als ihr.
~~Tengo menos (dinero) como vosotros.~~

menos
weniger

~~* más poco/-a~~

Eine Ausnahme bilden das Adjektiv **poco/-a** *(wenig/e)* und das Adverb **poco** *(wenig)*: Hier gilt bei Ungleichheit nur die unregelmäßige Form **menos** *(weniger).*

Es bueno tener menos**.**
Es ist gut, weniger zu haben.
~~Es bueno tener más poco.~~

más/menos + Subst. + que
mehr/weniger + Subst. + als

~~más/menos de + Subst. que~~

Timo: Aquí hay más de hombres que de mujeres.
Inma: ¿Estás hablando de servicios, o de qué?

Beim Vergleich verwendet man im Spanischen kein **de** wie im Französischen. **De** verbindet u. a. Substantive miteinander (das entspricht deutschen zusammengesetzten Substantiven). So hat Timo gesagt: *Hier gibt es mehr Männer- als Frauen-*. Inma fragt sich, ob er sich vielleicht auf den Mangel von Frauentoiletten gegenüber der Mehrzahl von Männertoiletten bezieht.

Aquí hay más hombres que mujeres**.**
Hier gibt es mehr Männer als Frauen.

Hablando de puestos directivos, los hay más de hombres que de mujeres**.**
Spricht man über Führungsposten, gibt es mehr, die von Männern als solche, die von Frauen besetzt sind.

Es bueno saberlo

Man kann Substantive auch mit anderen Präpositionalphrasen vergleichen: **¿Regalos de Navidad? Compro más para mis hijos que para mis padres.** *(Weihnachtsgeschenke? Ich kaufe mehr für meine Kinder als für meine Eltern.)*

más/menos de + Zahl/Menge
mehr/weniger als + Zahl Menge

~~* **más/menos que + Zahl/Menge**~~

Bei Zahlen und Mengen verwendet man nicht **que**, sondern **de**.

Necesitáis menos de un kilo de harina.
Ihr braucht weniger als ein Kilo Mehl.
~~Necesitáis **menos que un kilo** de harina.~~

más/menos + (Subst.) + de lo + Adj.
mehr/weniger (Subst.) als + das Adj.

~~* **más/menos**~~ + ~~**(Subst.)**~~ + ~~**que**~~ + ~~**Adj.**~~

Vergleicht man mit einem substantivierten Adjektiv mit **lo** (siehe Kap. 21), dann verwendet man **de lo** statt **que**.

Hemos gastado más de lo necesario.
Wir haben mehr als nötig ausgegeben.
~~Hemos gastado **más que necesario**.~~

más/menos (...) de lo que + Verb
mehr/weniger (...) als + Verb

~~* **más/menos (...) que + Verb**~~

Folgt im Vergleich ein Nebensatz, dann verbindet man mit **de lo que**.

Esto es menos difícil de lo que creíamos.
Das ist weniger schwierig, als wir dachten.
~~Esto es **menos difícil que** creíamos.~~

el empleado más popular
der beliebteste Mitarbeiter

~~* **el empleado el/lo más inteligente**~~

Hier lauert ein falscher Freund vom Französischen: Im Spanischen wird der bestimmte Artikel beim Superlativ nicht wiederholt. Und ein Neutrum **lo** *(es)* wäre ganz fehl am Platz!

El empleado más popular recibe una gratificación.
Der beliebteste Mitarbeiter bekommt einen Bonus.
~~**El empleado el/lo más popular** recibe una gratificación.~~

la más alta de la familia
die größte in der Familie

~~* la más alta en la familia~~

Beim Superlativ wird der Bezug mit **de** angegeben.

Leonor es la más alta de la familia.
Leonor ist die Größte in der Familie.
~~Leonor es **la más alta en la familia**.~~

mejor/-es/ peor/-es
besser/e/ schlechter/e/ schlimmer/e

~~* más mejor/peor; más bueno/-a/malo/-a~~

Bei unregelmäßigen Steigerungsformen entfällt **más**. Als Begleiter des Substantivs werden diese Formen angepasst.

La situación está peor que el año pasado.
Die Situation ist schlimmer als im letzten Jahr.
~~La situación está **más peor/más mala** que el año pasado.~~

Pequeño detalle

Die regelmäßigen Formen **más bueno/-a/malo/-a** werden bei Personen verwendet, um den Charakter zu beschreiben: **Miguelito es más malo que tú.** *(Miguelito ist gemeiner/boshafter als du.)* Bei Produkten beschreiben sie eine bessere bzw. schlechtere Qualität: **Tu paella es más buena que la de mi madre.** *(Deine Paella ist besser als die meiner Mutter.)*

mejor/peor
besser/ schlechter/ schlimmer

~~* (lo) más mejor/peor; * más bien/mal~~

Beim Adverb gibt es ausschließlich die unregelmäßigen Steigerungsformen sowohl für Komparativ als auch für Superlativ, und zwar ohne **más** und ohne Artikel.

Con la nueva tarjeta, mi móvil funciona mejor.
Mit der neuen Karte funktioniert mein Handy besser.
~~Con la nueva tarjeta, mi móvil funciona **(lo) más mejor/ más bien**.~~

BLITZQUIZ

Guillermo es ______ inteligente ______ su hermana.

- ❍ **A** tanto/que
- ❍ **B** tan/como

		A	B
1.	Es increíble, pero las mujeres todavía no ganan ______ los hombres.	❍ A tanto como	❍ B tan mucho como
2.	El médico me ha dicho que debo trabajar ______.	❍ A más poco	❍ B menos
3.	Tamara es la más talentosa ______ la clase.	❍ A en	❍ B de
4.	Ofreceremos ______ bebidas alcohólicas en la fiesta.	❍ A menos	❍ B menos de
5.	Nosotros no tenemos ______ problemas ______ vosotros.	❍ A tanto/ que	❍ B tantos/ como
6.	Definitivamente, tus fotos son las ______.	❍ A mejores	❍ B más mejores
7.	Hoy los jóvenes pasan más horas mirando el móvil ______ antes.	❍ A que	❍ B como
8.	Esta es la historia ______ maravillosa que he escuchado.	❍ A la más	❍ B más
9.	Lorenzo decía que quería más ______ cinco hijos, hasta que tuvo el primero.	❍ A de	❍ B que
10.	Creo que vamos a ganar menos dinero ______ esperado.	❍ A que	❍ B de lo
11.	Mi jefe habla inglés ______ que yo.	❍ A peor	❍ B más mal
12.	Muchos políticos hacen menos ______ prometen en la campaña.	❍ A que	❍ B de lo que

Lösungen
1. A, 2. B, 3. B, 4. A, 5. B, 6. A, 7. A, 8. B, 9. A, 10. B, 11. A, 12. B

Lösung Blitzquiz
B

FEHLER NACH GRAMMATIKTHEMEN

24. Personalpronomen

trabajo
ich arbeite

~~* yo trabajo~~

Im Spanischen werden Subjektpronomen nur für Bekräftigung verwendet (also im Beispiel: „*Ich arbeite, du nicht*") oder wenn das Subjekt vom Kontext her nicht klar ist.

- **¿Trabajas o estudias?** - Trabajo **en un banco.**
- Arbeitest du oder studierst du? - Ich arbeite in einer Bank.
~~- ¿Trabajas o estudias? - Yo trabajo en un banco.~~

él, ella
er, sie

~~ello, él~~

Bei den Subjektpronomen der 3. Person bitte aufpassen! **Ello** ist nicht maskulin, sondern sächlich und bezieht sich auf etwas nicht genau Definiertes oder auf einen Inhalt *(dies)*. **Él** (mit Akzent!) bedeutet *er* und ist mit dem französischen *elle* [el] nicht zu verwechseln.

Clara y José son gemelos, pero muy diferentes. Él **es más serio,** ella, **muy bromista.**
Clara und José sind Zwillinge, aber sehr verschieden. Er ist ernsthafter, sie ein Spaßvogel.
~~Ello es más serio, él muy bromista.~~

... mi casa. Está...
... mein Haus. Es ist ...

~~... mi casa. Ella está...~~

Personalpronomen werden als Subjekt nur für Personen verwendet, nicht für Sachen!

Esta es la casa. Está **recién renovada.**
Das ist das Haus. Es ist gerade renoviert worden.
~~Esta es la casa. Ella está recién renovada.~~

¡Es fantás-tico/-a!
Das ist fantastisch!

~~* ¡Ello/-a, * ¡Lo/La es fantástico/-a!~~

Auch hier ist ein Personalpronomen fehl am Platze. **Lo** (bzw. **la**) ist zudem Objektpronomen, kein Subjekt!

¡Es fantástico! Es una verdadera ganga.
Das ist fantastisch! Es ist ein echtes Schnäppchen.
~~Ello/Lo es fantástico! Ella es una verdadera ganga.~~

nosotros
wir

~~nos~~

Ángel: ¿Te interesa el cine?
Romy: Sí, mucho. Nos vamos a menudo.
Ángel: ¿Os vais si no os gusta la película?

Da staunt Romy über Ángels Frage: Sie wollte lediglich sagen, dass sie und ihr Freund öfter ins Kino gehen. Da sie aber das Reflexivpronomen **nos** *(sich)* statt des Subjektpronomens **nosotros** verwendet hat, sagte sie, dass sie das Kino öfter verlassen! **Nos** ist zudem ein Objektpronomen und bedeutet *uns*.

Nosotros ya vimos esa película.
Wir haben den Film schon gesehen.

Nos invitó Begoña.
Begoña hat uns eingeladen.

soy yo, yo también
ich bin's, ich auch

~~* es mí, * mí también~~

Hier sind falsche Freunde vom Englischen und Französischen am Werk: *It's me, me too; c'est moi, moi aussi.*

Soy yo, es que yo también quiero venir.
Ich bin's, ich möchte nämlich auch mitkommen.
~~Es mí, es que mí también quiero venir.~~

Se llama Harald.
Er heißt Harald.

~~* Llama Harald.~~

Achtung, einige Verben sind im Spanischen reflexiv und im Deutschen nicht und umgekehrt!

¡Qué calor! Necesito ducharme.
Was für eine Hitze! Ich muss duschen.
~~¡Qué calor! Necesito **duchar**.~~

¿Qué pasa?
Was ist los?

~~* ¿Qué se pasa?~~

Aufgepasst, ein falscher Freund vom französischen *qu'est-ce qui se passe*! **Pasar** (geschehen, passieren) ist im Spanischen nicht reflexiv.

¿Y ese ruido? ¿Qué pasa?
Und dieser Lärm? Was ist denn los?
~~¿Y ese ruido? ¿Qué **se pasa**?~~

tengo que irme
ich muss gehen

~~* tengo que irse~~

Bitte daran denken, dass das Reflexivpronomen an die Person angepasst wird, auch wenn es in einer Verbalkonstruktion steht (z. B. am Infinitiv angehängt).

Qué pena, tenemos que irnos ya.
Wie schade, wir müssen schon gehen.
~~Qué pena, **tenemos que irse** ya.~~

os
euch

~~vos~~

Manche denken, dass das Objekt- bzw. Reflexivpronomen der 2. Person Plural **vos** heißen muss.

¿No os cansáis con tanto trabajo?
Werdet ihr nicht müde bei so viel Arbeit?
~~¿No **vos** cansáis con tanto trabajo?~~

BLITZQUIZ

Hola, mi amor, ¿______ qué estás haciendo? ¿Puedo ayudarte en algo?

○ A tú

○ B –

Es bueno saberlo

In manchen Ländern Lateinamerikas verwendet man **vos** als Subjektpronomen für die 2. Person Singular mit einer eigenen Verbform, z. B. in Argentinien statt **tú** *(du)*: **¿Vos qué opinás?** *(Was meinst du?)*. In anderen Ländern, z. B. in Costa Rica, wird es zusätzlich zum **tú** verwendet und drückt je nach Tonfall und Kontext entweder große Vertrautheit oder Geringschätzung aus.

no lo veo (a él)
ich sehe ihn nicht

~~* no veo a él~~

A + Pronomen „verdoppelt" das direkte bzw. das indirekte Objekt, um es hervorzuheben, aber es steht nie ohne das obligatorische „unbetonte" Objektpronomen vor dem Verb (siehe auch Kapitel 5).

Esto me parece bien a mí.
Das scheint mir gut./Ich finde es gut.
~~Esto parece bien a mí.~~

El mensaje lo leí ayer.
Die Nachricht habe ich gestern gelesen.

~~* El mensaje leí ayer.~~

Zum Betonen des Objektes kann man es an den Satzanfang stellen, aber dann muss man zusätzlich das Objektpronomen vor dem Verb haben.

A Gloria no la veo los lunes.
Gloria sehe ich montags nicht.
~~A Gloria no veo los lunes.~~

¿Le compras un dron a tu hijo?
Kaufst du deinem Sohn eine Drohne?

~~¿Compras un dron a tu hijo?~~

Auch wenn es nicht notwendig erscheint: In der Regel wird das indirekte Objekt der 3. Person verdoppelt.

¿Por qué les envías tantas fotos a tus amigos?
Warum schickst du deinen Freunden so viele Fotos?
~~¿Por qué envías tantas fotos a tus amigos?~~

Lösung Blitzquiz
B

Te lo di (a ti).
Ich gab es dir.

~~* **Lo di a ti.**, * **Lo te di (a ti).**~~

Bei zwei Pronomen steht das des indirekten Objektes bzw. des Reflexivpronomens immer vor dem direkten Objektpronomen. Man kann mit **a** + Pronomen eins verdoppeln, spart sich jedoch die Objektpronomen nie.

Nos lo **explicasteis mal** a nosotros.
Uns habt ihr es falsch erklärt.
~~Lo explicasteis mal **a nosotros.** / **Lo nos** explicasteis mal **a nosotros**.~~

¡Ojo!

Die indirekten Pronomen der 3. Person **le/les** stehen nie vor den direkten Objektpronomen **lo/la/los/las**, sondern werden durch **se** ersetzt: **A los demás se lo explicasteis bien.** *(Den anderen habt ihr es richtig erklärt).*

¿Me puede ver y oír?/¿Puede verme y oírme?
Können Sie mich sehen und hören?

~~* **¿Puede me ver y oír?**, * **¿Puede me ver y oírme?**~~

Infinitiv- oder Gerundiumkonstruktionen werden nie durch Pronomen getrennt. Die Objektpronomen stehen vor dem konjugierten Verb oder können – zusammen und in gleicher Reihenfolge – angehängt werden. Sind es mehrere Infinitive bzw. Gerundien, dann an jedem.

Los zapatos nos los estamos poniendo./estamos poniéndonoslos.
Die Schuhe ziehen wir gerade an.
~~Los zapatos **nos estamos poniéndolos./nos estamos los poniendo**.~~

para él/ella/ nosotros
für ihn/sie/uns

~~* **para lo/la/nos**~~

Mit der Ausnahme der 1. und 2. Person Singular stehen die Formen der Subjektpronomen hinter den allermeisten Präpositionen. Das ist anders als im Deutschen!

A mi tía le encantan las flores. Estas son para ella
Meine Tante liebt Blumen. Die hier sind für sie.
~~A mi tía le encantan las flores. Estas son **para la**.~~

¡Ojo!

Nach Präposition ist das Pronomen der ersten Person Singular **mí** (mit Akzent) und das der zweiten Person Singular **ti** (ohne Akzent): **para mí/ti** *(für mich/dich).*

para sí mismo/-a
für sich selbst

~~* **para su/se mismo/-a**~~

Das Reflexivpronomen der 3. Person ist nach Präposition **sí** *(sich [selbst]).*

Lo hizo para sí mismo.
Er tat es für sich selbst.
~~Lo hizo **para su/se mismo**.~~

conmigo, contigo, consigo
mit/bei mir, dir, sich

~~* **con mí**, * **con ti**, * **con sí**~~

Achtung, Ausnahme! Bei der Präposition **con** *(bei, mit)* gibt es folgende Sonderformen: **conmigo** *(mit mir)*, **contigo** *(mit dir)* und **consigo** *(mit sich [selbst]).*

- **Ven conmigo.**
- *Komm mit mir mit.*
~~- Ven **con mí**.~~

- **Vale, voy contigo.**
- *Okay, ich komme mit dir (mit).*
~~- Vale, voy **con ti**.~~

Uno/-a no se lo imagina.
Man kann sich das gar nicht vorstellen.

~~**No se imagina., No lo imagina.**~~

Diese Sätze bedeuten nicht das Gleiche. Zwar kann man mit **se** *(man)* einen unpersönlichen Satz bilden. Ist das Verb aber reflexiv, dann steht **uno/-a** für *man.*

Los fines de semana uno se acuesta tarde.
Am Wochenende geht man spät ins Bett.
~~Los fines de semana se acuesta tarde.~~

¿Quiénes son...?
Wer sind ...?

~~* ¿Quién son...?~~

Wer hat im Deutschen keinen Plural. **Quiénes** fragt nach der Identität von mehreren Personen.

¿Quiénes son las chicas de la foto?
Wer sind die jungen Frauen auf dem Foto?
~~¿Quién son las chicas de la foto?~~

¿Cuál...?
Was/Wie ... ?

~~* ¿Qué...?~~

Mit **cuál/es** fragt man nach etwas, das man voraussetzt, z. B., dass jede Person einen Namen hat, jedes Land eine Hauptstadt, jede Person eine Lieblingsspeise usw.

¿Cuál es el nombre de la escuela?
Wie ist der Name der Schule?
~~¿Qué es el nombre de la escuela?~~

Esta/Esa es la situación.
Das ist die Situation.

~~* Esto/Eso es la situación.~~

Demonstrativpronomen müssen immer mit dem Susbtantiv, das sie ersetzen, übereinstimmen, auch wenn sie vor dem Verb stehen. Das ist im Deutschen anders!

El alcohol, este es precisamente tu problema.
Der Alkohol, das ist genau dein Problem.
~~El alcohol, esto es precisamente tu problema.~~

Pequeño detalle

Esto/Eso ist Neutrum und bezieht sich auf etwas, was man nicht definieren kann, z. B. **¿Qué es esto?** *(Was ist das?)* oder auf eine Tatsache bzw. eine Information, die der Gesprächspartner schon kennt, z. B. **No tengo dinero y esto es un problema.** *(Ich habe kein Geld und das [d. h., dass ich kein Geld habe] ist ein Problem.)*

la persona de la que/ de quien... *die Person, über die ...*

~~* la persona, de que...~~

Für Personen kann man das Relativpronomen **quien** verwenden oder auch **que**. Nach Präpositionen steht dann der bestimmte Artikel davor.

Pepe es el experto al que/a quien consulté.
Pepe ist der Experte, den ich konsultiert habe.
~~Pepe es el experto a que consulté.~~

Es bueno saberlo

Komma vor dem Relativsatz setzt man nur, wenn er lediglich zusätzliche Information gibt. Vergleichen Sie mit dem oberen Satz: **Jean, el amigo a quien llamé, es francés.** *(Jean, der Freund, den ich angerufen habe, ist Franzose.)*

QUIZ

Personalpronomen

1. El abuelo ______ dijo solo a mí. ❍ A lo ❍ B me lo
2. ¿Esta es su oficina? ¡______ muy moderna! ❍ A Es ❍ B Ella es
3. Me encanta trabajar ______. ❍ A contigo ❍ B con tí
4. -¡Gracias por todo! - Gracias a ______. ❍ A te ❍ B ti
5. ¿______ es la capital de Honduras? ❍ A Qué ❍ B Cuál

Lösungen
1. B, 2. A, 3. A, 4. B, 5. B

FEHLER NACH GRAMMATIKTHEMEN

25. Präpositionen

Veo a José.
Ich sehe José.

~~* Veo José.~~

Bezieht sich das direkte Objekt auf eine Person, dann steht die Präposition **a** davor. Dies ist auch der Fall bei Personengruppen, wie im nächsten Beispiel.

Escucha a la orquesta.
Höre dem Orchester zu.
~~Escucha **la orquesta**.~~

¿Necesita un médico?
Brauchen Sie einen Arzt?

~~* ¿Necesita a un médico?~~

Nach **buscar** *(suchen)*, **encontrar** *(finden)*, **necesitar** *(brauchen)* und **tener** *(haben)* steht **a** nicht, wenn es sich um unbestimmte Personen handelt. Vgl. das untere Beispiel mit: **Todavía tengo a mis cuatro abuelos.** *(Ich habe noch meine vier Großeltern).*

Fátima tiene muchos parientes.
Fátima hat viele Verwandte.
~~Fátima tiene **a muchos parientes**.~~

¿Ves el paisaje?
Siehst du die Landschaft?

~~* ¿Ves al paisaje?~~

Bezieht sich das direkte Objekt auf eine Sache, dann steht keine Präposition davor.

He olvidado mi bolso en el gimnasio.
Ich habe meine Tasche im Fitnessstudio vergessen.
~~He olvidado **a mi bolso** en el gimnasio.~~

Pequeño detalle

Ausnahme: Wenn **a** mit der gleichen Bedeutung wie **hacia** *(nach)* verwendet wird und eine Richtung anzeigt, z. B. **La habitación ve al mar.** *(Das Zimmer hat Meerblick).*

empezar a
anfangen zu

~~* empezar de~~

Die wichtigsten Verbalkonstruktionen (so genannte „Periphrasen"), die mit der Präposition **a** stehen, sind **empezar/ comenzar a** *(anfangen zu)*, **ir a** *(etw. tun werden)* und **volver a** *(etw. noch einmal tun)*.

Marina ha comenzado a practicar más deporte.
Marina hat angefangen, mehr Sport zu treiben.
~~Marina **ha comenzado de** practicar más deporte.~~

encontrarse con
sich mit jdm. treffen

~~* encontrar (a)~~

Encontrar heißt *finden*; bei einer Person verwendet man die Präposition **a** vor dem direkten Objekt. Was man aber mit Freunden in der Freizeit tut, wird mit dem reflexiven **encontrarse** und der Präposition **con** beschrieben.

¿Dónde os encontráis con vuestros amigos?
Wo trefft ihr euch mit euren Freunden?
~~¿Dónde **encontráis (a)** vuestros amigos?~~

ocuparse de
sich mit … beschäftigen

~~* ocuparse con~~

Zahlreiche Verben werden mit einer festen Präposition kombiniert. Lernen Sie diese immer zusammen!

La señora Fuentes se ocupa de las entregas.
Frau Fuentes beschäftigt sich mit den Lieferungen.
~~La señora Fuentes **se ocupa con** las entregas.~~

la vecina de Rodrigo
Rodrigos Nachbarin

~~* Rodrigos vecina~~

Dem deutschen Genitiv entspricht im Spanischen ein Substantiv mit der Präposition **de** *(von)*. Hier muss man umdenken!

¿Eres la vecina de Rodrigo?
Bist du Rodrigos Nachbarin?
~~¿Eres **Rodrigos vecina**?~~

fácil/difícil de
leicht/schwer zu

~~* fácil/difícil a~~

Hier lauert ein falscher Freund vom Französischen! **De** dient generell dazu, ein Substantiv näher zu bestimmen, im Beispiel *die Theorie.*

Esa teoría es difícil de creer.
Diese Theorie ist schwer zu glauben.
~~Esa teoría es difícil a creer.~~

¡Ojo!

Die unpersönliche Struktur **Es** + Adjektiv + Infinitiv hat im Spanischen keine Präposition! **Es difícil creer esa teoría.** *(Es ist schwierig, dieser Theorie zu glauben.)*

la tienda de la esquina
der Laden an der Ecke

~~* la tienda en la esquina~~

Wird ein Substantiv anhand seiner Lage näher bestimmt, dann mit der Präposition **de**.

Vamos a la tienda de la esquina.
Gehen wir zum Laden an der Ecke.
~~Vamos a la tienda en la esquina.~~

la isla de Mallorca
die Insel Mallorca

~~* la isla Mallorca~~

Zwischen **isla** *(Insel)*, **ciudad** *(Stadt)*, **calle** *(Straße)* usw. und dem Namen steht normalerweise **de**.

La ciudad de Montevideo es famosa por el tango.
Die Stadt Montevideo ist wegen des Tangos berühmt.
~~La ciudad Montevideo es famosa por el tango.~~

gracias por todo
danke für alles

~~* gracias para todo~~

Por deutet auf einen Grund oder eine Ursache.

¡Felicidades por tu cumpleaños!
Herzlichen Glückwunsch zu deinem Geburtstag!
~~¡Felicidades para tu cumpleaños!~~

para ti
für dich

~~por ti~~

Elke: Yo siempre compro ropa negra por mi hijo.
Toño: ¡Pero si veo que llevas ropa de otro color!

Por bedeutet u. a. *wegen*, daher bestreitet Toño Elkes Behauptung, sie laufe immer in schwarz rum, weil ihr Sohn das so will. Dabei ist es aber Elkes Sohn, der nur schwarze Klamotten mag, und sie kauft sie für ihn: **Para mi hijo** wäre die richtige Version gewesen. **Para** drückt u. a. einen Empfänger, ein Ziel bzw. eine Bestimmung aus.

¿Es un problema para ti?
Ist das für dich ein Problem?

¿Es un problema por ti?
Ist das ein Problem deinetwegen?

para viajar
um zu reisen

~~por viajar~~

Eine Absicht wird mit **para** + Infinitiv ausgedrückt.

Estoy ahorrando para visitarte pronto.
Ich spare, um dich bald zu besuchen.
~~Estoy ahorrando **por visitarte** pronto.~~

cambiar ... por
für ... (aus) tauschen

~~cambiar para~~

Genauso wie der Preis, den man für etwas bezahlt (siehe Kap. 16), wird jeglicher Tausch mit **por** angegeben und kann *für*, *gegen* oder *zu Gunsten* von bedeuten.

Cambiamos el viejo termostato por uno digital.
Wir haben das alte Thermostat gegen ein digitales ausgetauscht.
~~Cambiamos el viejo termostato **para** uno digital.~~

lo hago por él/ella
ich mache das an seiner/ihrer Stelle

~~**lo hago para él/ella**~~

Eine Handlung, die man für jemanden stellvertretend macht, ist auch ein Tausch und steht daher mit **por. Lo hago para él/ella** bedeutet, dass die Person die Empfängerin/der Adressat dessen ist, was man macht.

Hoy voy a la reunión por Nacho.
Heute gehe ich an Nachos Stelle in die Besprechung.
~~Hoy voy a la reunión **para Nacho**.~~

fue escrito por
wurde von … geschrieben

~~*** fue escrito de**~~

Die Urheberin bzw. der Urheber der Passivkonstruktion wird mit **por** und nicht mit **de** angegeben.

¿Por quién fue escrito este poema?
Von wem wurde dieses Gedicht geschrieben?
~~¿**De** quién fue escrito este poema?~~

buscar algo/a alguien
etwas/jemanden suchen

~~*** buscar por algo/alguien**~~

Buscar hat im Unterschied zum Deutschen *suchen nach* keine Präposition. Folgt ein direktes Objekt der Person, dann steht die Präposition **a** wie üblich davor.

Estás buscando algo que no existe.
Du suchst nach etwas, was es nicht gibt.
~~Estás **buscando por algo** que no existe.~~

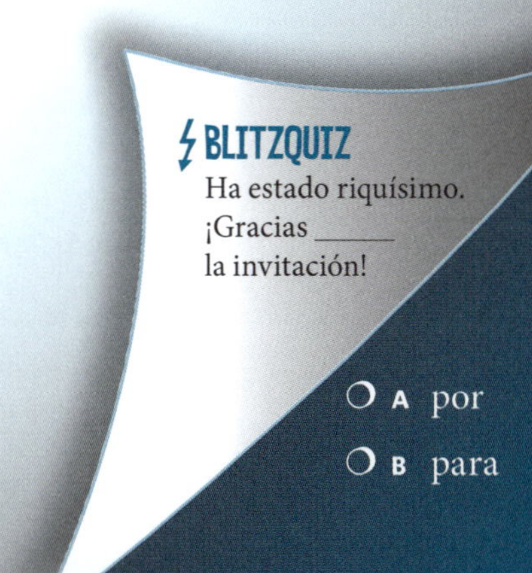

FEHLER NACH GRAMMATIKTHEMEN

26. Verbformen

mi marido y yo vivimos
mein Mann und ich wohnen

~~* mi marido y yo viven~~

Schließt sich der Sprecher/die Sprecherin mit ein, dann muss das Verb in der ersten Person Plural (**nosotros**) stehen.

Mis amigos y yo nos quedamos en un hotel.
Meine Freunde und ich übernachteten in einem Hotel.
~~Mis amigos y yo **se quedaron** en un hotel.~~

sé
ich weiß

~~* sabo, * so~~

Nur die erste Person Singular von **saber** *(wissen)* ist im Präsens unregelmäßig und hat einen Akzent.

Realmente no sé qué hacer.
Ich weiß wirklich nicht, was ich tun soll.
~~Realmente no **sabo/so** qué hacer.~~

¿Me conoces?
Kennst du mich?

~~* ¿Me conozques?~~

Einige Verben sind nur bei **yo** im Präsens unregelmäßig.

Claro que te reconozco. ¿Me reconoces también?
Klar erkenne ich dich wieder. Erkennst du mich auch?
~~Claro que te reconozco. ¿Me **reconozques** también?~~

No juego.
Ich spiele nicht mit.

~~* No jugo.~~

Vergisst man, zu welcher Unregelmäßigkeitsgruppe ein Verb gehört, dann können Verwechslungen wie **jugo** *(Saft)* statt **juego** *(ich spiele)* oder, noch schlimmer, **pedo** *(Furz)* statt **pido** *(ich bestelle, ich frage nach)* entstehen!

Camarero, le pido la cuenta, por favor.
Kellner, die Rechnung, bitte. (wörtl.: Ich bitte Sie um die Rechnung.)
~~Camarero, le **pedo** la cuenta, por favor.~~

Lösung Blitzquiz
A

cojo
ich nehme

~~* **cogo**~~

Da die Aussprache des Infinitivs in allen Formen des Verbs beibehalten wird, passt man die Schreibweise an, wenn notwendig: Bei Verben auf **-ger/-gir** werden daher die 1. Person Präsens (auf **-o**) und der *Subjuntivo* Präsens (auf **-a**) mit **j** geschrieben.

No te asustes, yo te protejo.
Erschrecke nicht, ich beschütze dich.
~~No te asustes, yo te **protego**.~~

Es bueno saberlo

In manchen Ländern Lateinamerikas hat **coger** *(nehmen)* eine vulgäre sexuelle Bedeutung, was zu peinlichen Situationen führen kann! Die Alltagsäußerung in Spanien: **Coge al niño.** *(Nimm das Kind.)* sagt man in Argentinien lieber so: **Toma al niño.**

he venido
ich bin gekommen

~~* **soy venido**, * **ho venido**, **ha venido**~~

Für die zusammengesetzten Zeiten (z. B. das Perfekt) gibt es im Spanischen nur ein Hilfsverb, **haber**. Auch wenn die Präsensendung der 1. Person Singular **-o** ist, lautet die 1. Person von **haber he** und nicht **ho** (wie im Italienischen). Achtung mit der Form der 3. Person (**ha**)!

He nadado en el mar, ¡qué maravilla!
Ich bin im Meer geschwommen, wie wunderbar!
~~**Soy/Ho/Ha** nadado en el mar, ¡qué maravilla!~~

hemos ido
wir sind gegangen

~~* **habemos idas**~~

Die richtige Form des Hilfsverbs in der 1. Person Plural ist **hemos**. Und das Partizip Perfekt endet bei den zusammengesetzten Zeiten immer auf **-o**, im Unterschied zum Französischen.

Hemos ido al cine todas juntas.
Wir (Frauen) sind alle zusammen ins Kino gegangen.
~~**Habemos idas** al cine todas juntas.~~

abierto
geöffnet, offen

~~* **abrido**~~

Achtung, einige Verben haben ein unregelmäßiges Partizip Perfekt!

¿Quién ha abierto la ventana? ¡Hace frío!
Wer hat das Fenster geöffnet? Es ist kalt!
~~¿Quién ha **abrido** la ventana? ¡Hace frío!~~

¡Ojo!

Die wichtigsten unregelmäßigen Formen des Partizip Perfekt sind: **abierto** *(geöffnet)*, **escrito** *(geschrieben)*, **dicho** *(gesagt)*, **hecho** *(getan)*, **puesto** *(gestellt)*, **muerto** *(gestorben)*, **visto** *(gesehen)* und **vuelto** *(zurückgekehrt)*.

han llevado
sie haben mitgenommen

~~* **han llevando**~~

Llevando ist ein Gerundium und wird für die Verlaufsform, aber nicht für das Perfekt verwendet.

La familia Lerma ha comprado una casa.
Familie Lerma hat ein Haus gekauft.
~~La familia Lerma ha **comprando** una casa.~~

vendía
er/sie verkaufte

~~**vendaba**~~

Tanja: Mi padre vendaba inmuebles.
Andrés: Jaja, ¿es que estaban heridos?

Tanja hat die Endung des Imperfekts verwechselt und nahm für **vender** *(verkaufen)* die der Verben auf **-ar**. So ist sie hier beim Verb **vendar** *(verbinden, bandagieren)* gelandet, was Andrés so lustig findet, dass er sie neckt.

Itzel vendía artesanías en el mercado.
Itzel verkaufte Kunsthandwerk auf dem Markt.

Nos vendaban los ojos para algunos juegos.
Man verband uns die Augen für einige Spiele.

(yo) fui
ich war, ich ging

~~* (yo) fue~~

Tipp: Wenn Sie **fui** (1. Person *Indefinido* von **ser** und von **ir**) lernen, zeigen Sie auf sich, das hilft dem Gedächtnis. **Fue** ist die 3. Person, da bekommen Sie vielleicht die Rückfrage: **¿Quién?** *(Wer?)*

El sábado pasado fui a una fiesta.
Am letzten Samstag war ich in einer Party.
~~El sábado pasado **fue** a una fiesta.~~

Es bueno saberlo

Scheuen Sie sich nicht, beim Spanischsprechen zu gestikulieren! In dieser Sprache werden Hände und Gestik gerne eingesetzt. Es gibt sogar Ausdrücke, die nur in Kombination mit einer Geste ihre Bedeutung haben, z. B. **así de lleno** *(so voll)*, wobei sich die Finger einer Hand (Fläche nach oben) leicht berühren.

él/ella me contó
er /sie erzählte mir

~~* él/ella me conté~~

Die Verwechslung zwischen 1. und 3. Person Singular ist besonders häufig beim *Indefinido*, da **-o** für die 1. Person des Präsens stark verankert ist. Für das *Indefinido* ist **-é** bzw. **-í** für die 1. Person; **-ó** bzw. **-ió** ist für die 3. Person.

Mi amiga me contó las novedades.
Meine Freundin hat mir die Neuigkeiten erzählt.
~~Mi amiga me **conté** las novedades.~~

llegué
ich kam an

~~* llegé~~

Bei der 1. Person muss man bei manchen Verben die Schreibweise anpassen, z. B. **llegar** *(ankommen)* > **llegué** oder **empezar** *(anfangen)* > **empecé** usw.

Ya llegué, estoy en el andén 3.
Ich bin schon angekommen, ich bin auf Gleis 3.
~~Ya **llegé**, estoy en el andén 3.~~

durmieron
sie schliefen

~~* dormieron~~

Verben der Gruppen **e** > **ie, o** > **ue** und **e** > **i**, deren Infinitiv auf **-ir** endet, weisen im *Indefinido* in den 3. Personen ein **i** bzw. ein **u** auf.

Los niños pidieron helado.
Die Kinder haben Eiscreme bestellt.
~~Los niños **pedieron** helado.~~

hizo, vine
er/sie machte, ich kam

~~* hació, * vení~~

Achtung, unregelmäßig!

Vine enseguida.
Ich bin sofort gekommen.
~~**Vení** enseguida.~~

tuvo
er /sie hatte

~~* tuvó~~

Die 1. und die 3. Person der unregelmäßigen Gruppen des *Indefinido* werden auf der vorletzten Silbe betont.

¿Qué tuvo el paciente que salió ayer?
Was hatte der Patient, der gestern entlassen wurde?
~~¿Qué **tuvó** el paciente que salió ayer?~~

¡Ojo!

Lernen Sie die Gruppen des unregelmäßigen *Indefinido* so: **v (tuve, estuve, anduve), j (dije, traje, traduje), i (hice, quise, vine)** und **u (pude, puse, supe und hubo).**

trajeron
sie brachten

~~* trajieron~~

Die Endung der 3. Person Plural bei den **j**-Verben verliert das **i**.

Los chicos trajeron un pastel.
Die Jungs/Männer haben einen Kuchen mitgebracht.
~~Los chicos **trajieron** un pastel.~~

haré
ich werde machen

~~* **haceré**~~

Die unregelmäßigen Verbstämme des Futurs sind entweder verkürzt (z. B. **hacer > haré, decir > diré**) oder ersetzen das **e** des Infinitivs durch ein **d**, an dem man die Endungen anhängt (z. B. **saldré, tendré**).

Todavía no sé qué haré en las vacaciones.
Ich weiß noch nicht, was ich im Urlaub machen werde.
~~Todavía no sé qué **haceré** en las vacaciones.~~

pondría
ich/er/sie würde stellen

~~* **ponería**~~

Die unregelmäßigen Verbstämme des Konditionals sind identisch mit denen des Futurs.

¿Dónde pondrías tú esta lámpara?
Wo würdest du diese Lampe hinstellen?
~~¿Dónde **ponerías** tú esta lámpara?~~

	A	B
1. ¿Ya habéis ______ la solicitud de trabajo?	❍ A escribido	❍ B escrito
2. ______ al médico por mi alergia, ya no podía más.	❍ A Fui	❍ B Fue
3. Yo no ______ al golf, aunque a mucha gente le gusta.	❍ A juego	❍ B jugo
4. Mis amigos y yo todavía no ______ ido al espectáculo.	❍ A han	❍ B hemos

Lösungen
1. B, 2. A, 3. A, 4. B

FEHLER NACH THEMEN

27. Verben: Zeiten und Modi

está nevando
es schneit gerade

~~nieva~~

Das Präsens gibt den normalen bzw. regelmäßigen Sachverhalt wieder. Das, was gerade stattfindet, wird am häufigsten mit **estar** + Gerundium beschrieben.

Déjame en paz por favor, estoy estudiando.
Lass mich bitte in Ruhe, ich lerne gerade.
~~Déjame en paz por favor, **estudio**.~~

llegó y triunfó
er/sie kam und siegte

~~* llegó(,) triunfando~~

Handlungen oder Ereignisse, die nacheinander eintreffen, werden nicht mit Gerundium angegeben.

El ejército llegó y triunfó de inmediato.
Das Heer kam an und siegte sofort.
~~El ejército llegó(,) **triunfando** de inmediato.~~

un cartel que anuncia
ein Schild, das ... ankündigt

~~* un cartel anunciando~~

Im Unterschied zum Französischen ersetzt ein Gerundium einen Relativsatz nicht.

Aquí hay un cartel que anuncia el evento.
Hier ist ein Schild, das das Event ankündigt.
~~Aquí hay un cartel **anunciando** el evento.~~

debe hacerse
muss getan werden

~~debe ser hecho~~

In der Umgangssprache wird das Passiv vermieden und durch unpersönliche Sätze ersetzt.

Esto debe hacerse hoy mismo.
Das muss noch heute gemacht werden.
~~Esto **debe ser hecho** hoy mismo.~~

siempre jugaba
er/sie spielte immer

~~**siempre jugó**~~

Gewohnheiten und sich wiederholende Handlungen in der Vergangenheit stehen normalerweise im Imperfekt. Mit dem *Indefinido* fokussiert man auf die Aussage, dass diese Gewohnheit ein Ende gefunden hat.

De niña, Sofía siempre jugaba con sus amigos.
Als Kind spielte Sofia immer mit ihren Freunden.
~~De niña Sofía siempre **jugó** con sus amigos.~~

La reina tenía una hija que se llamaba...
Die Königin hatte eine Tochter, die ... hieß.

~~**La reina tuvo una hija que se llamó...**~~

Beschreibungen in der Vergangenheit sowie Vorgänge, die gerade bestanden und/oder Hintergrundsituationen für Erzählungen bilden, stehen im Imperfekt. *Indefinido* würde man im oberen Beispiel als Wechsel interpretieren: **Tuvo** als *gebar/bekam* und **se llamó** als sie *nannte* sie.

Como no tenía dinero, no me compré nada.
Da ich kein Geld hatte, habe ich mir nichts gekauft.
~~Como no tuve dinero, no me compré nada.~~

conocía, sabía
ich kannte, ich wusste

~~**conocí, supe**~~

Kennen und *wissen* sind anhaltende mentale Prozesse, die man in der Vergangenheit im Imperfekt wiedergibt. Mit dem *Indefinido* ändern diese Verben die Bedeutung zu *kennenlernen* bzw. *erfahren*.

Antes no te conocía tan bien como ahora.
Früher kannte ich dich nicht so gut wie heute.
~~Antes no te **conocí** tan bien como ahora.~~

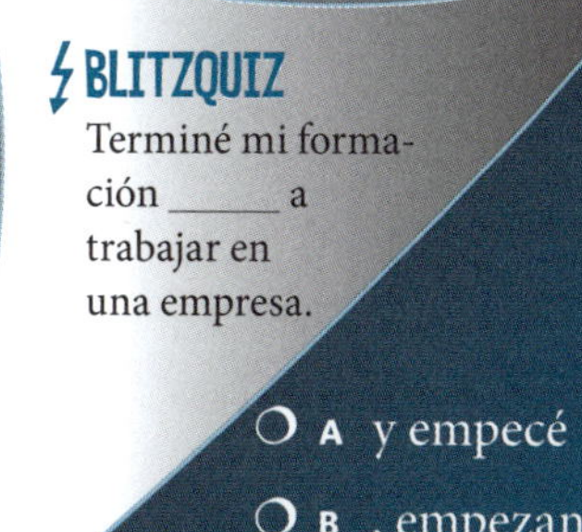

BLITZQUIZ
Terminé mi formación ______ a trabajar en una empresa.

- ❍ A y empecé
- ❍ B , empezando

terminé
ich beendete

~~**terminaba**~~

Abgeschlossene Handlungen oder Wechsel (Anfang, Ende, Erreichen eines Ziels) stehen im *Indefinido*. Im Imperfekt würde man entweder eine Wiederholung oder einen anhaltenden Zustand verstehen.

Mi hija terminó su carrera, ¡lo logró!
Meine Tochter hat ihr Studium beendet, sie hat es geschafft!
~~Mi hija **terminaba** su carrera, ¡lo **lograba**!~~

Llovió toda la semana.
Es regnete die ganze Woche.

~~**Llovía toda la semana.**~~

Mit der Benennung einer begrenzten Zeitspanne gilt die Handlung normalerweise als abgeschlossen. Das Imperfekt wäre innerhalb der Beschreibung einer sich wiederholenden Situation angebracht, z. B. **Los sábados bailábamos toda la noche.** *(Samstags tanzten wir [immer] die ganze Nacht.)*

El sábado bailamos toda la noche.
Am Samstag tanzten wir die ganze Nacht.
~~El sábado **bailábamos** toda la noche.~~

me gustó
es hat mir gefallen

~~**me gustaba**~~

Mit dem *Indefinido* bewerten wir, wie etwas war; wir geben unseren Gesamteindruck wieder. *Imperfekt* ist lediglich eine Beschreibung.

¿Te gustó la fiesta de anoche?
Hat dir die Party gestern Nacht gefallen?
~~¿Te **gustaba** la fiesta de anoche?~~

De pronto, tuve una idea.
Plötzlich hatte ich eine Idee.

~~*** De pronto, tenía una idea.**~~

Plötzlich eintretende Handlungen stehen im *Indefinido*.

De repente nos dimos cuenta.
Auf einmal wurde uns das bewusst.
~~De repente nos **dábamos** cuenta.~~

Lösung Blitzquiz
A

No pudimos llamar.
Wir konnten gestern nicht anrufen

~~**No podíamos llamar.**~~

Mit dem *Indefinido* liegt der Fokus auf einem endgültigen Ergebnis (hier: dass man es letztendlich nicht geschafft hat). Mit dem Imperfekt wird die Situation als noch anhaltend beschrieben (und könnte sich geändert haben).

Clara quiso volver, pero no pudo.
Clara wollte zurückkehren, aber sie schaffte es nicht.
~~Clara **quería** volver, pero no **podía**.~~

No creo que podamos.
Ich glaube nicht, dass wir das können.

~~*** No creo que podemos.**~~

Nach verneinten Glaubens- und Meinungsverben folgt im Nebensatz der *Subjuntivo*.

No pienso que el proyecto sea realista.
Ich denke nicht, dass das Projekt realistisch ist.
~~No pienso que el proyecto **es** realista.~~

Creo que es verdad.
Ich glaube, das ist wahr

~~*** Creo que sea verdad.**~~

Achtung, *Subjuntivo* folgt nur dann, wenn das Glaubens- bzw. Meinungsverb verneint ist!

Supongo que es mejor esperar.
Ich vermute, dass es besser ist abzuwarten.
~~Supongo que **sea** mejor esperar.~~

Es lógico que lo hagan.
Es ist logisch, dass sie es tun.

~~*** Es lógico que lo hacen.**~~

Meistens kommt nach der Struktur **es** + Adjektiv/Substantiv + **que** der *Subjuntivo*. Ausnahme mit Indikativ: **Es verdad/cierto/obvio que** *(Es ist wahr, dass).*

Es normal/posible que haga calor.
Es ist normal/möglich, dass es warm ist/wird.
~~Es normal/posible que **hace** calor.~~

un hotel que tenga piscina
ein Hotel, dass ein Pool haben soll

~~**un hotel que tiene piscina**~~

Bei Relativsätzen beschreibt der Indikativ etwas Bekanntes (im Beispiel wüsste man genau, um welches Hotel es sich handelt). Mit *Subjuntivo* definiert man, was man sich wünscht.

Reserve por favor un hotel que tenga piscina.
Reservieren Sie bitte ein Hotel, das einen Pool hat.
~~Reserve por favor un hotel que **tiene** piscina.~~

a quien quieras
wen (immer) du möchtest

~~**a quien quieres**~~

Genio: Tendrás lo que quieres.
Ana: ¡Pero es que no lo sé todavía!

Ana ist frustriert, weil ihr der Flaschengeist nur anbietet, konkret das, was sie sich jetzt wünscht, wahr werden zu lassen. Ein besserer Flaschengeist würde ihr alle möglichen Wünsche erfüllen, also auch die zukünftigen, und hätte **lo que quieras** *(was immer du dir wünschst)* gesagt! Bei Relativsätzen beschreibt der Indikativ bekannte Tatsachen. Mit *Subjuntivo* öffnet man alle Möglichkeiten.

Invita a quien quieras.
Lade ein, wen immer du willst.

Invita a quien quieres.
Lade den ein, den du (tatsächlich) willst.

para que entre
damit er/sie/es hineinkommt

~~*** para que entra**~~

Nach einigen Konjunktionen wie **para que** *(damit)* oder **a menos que** *(es sei denn)* steht der *Subjuntivo.*

Abre la ventana para que entre aire fresco.
Öffne das Fenster, damit frische Luft reinkommt.
~~Abre la ventana para que **entra** aire fresco.~~

cuando sea grande
wenn ich groß bin

~~* cuando seré grande~~

Bezieht sich ein Nebensatz auf die Zukunft, z. B. mit **cuando** *(wenn)* oder **hasta que** *(bis)*, dann verwendet man den *Subjuntivo*. Futur ist hier falsch!

Mueva la salsa hasta que se mezcle todo bien.
Rühren Sie die Soße, bis alles gut vermischt ist.
~~Mueva la salsa hasta que se mezcla todo bien.~~

Querían que nos fuéramos.
Sie wollten, dass wir weg gehen.

~~* Querían que nos vamos/nos vayamos.~~

Steht der *Subjuntivo*-Auslöser im Imperfekt, *Indefinido* oder Konditional, dann verwendet man *Subjuntivo* Imperfekt im Nebensatz.

Alejandro me pidió que le ayudara.
Alejandro bat mich darum, dass ich ihm helfe.
~~Alejandro me pidió que le ayudo/ayude.~~

Si pudiera
Wenn ich könnte

~~* Si podría~~

Der potentielle Konditionalsatz hat Konditional im Hauptsatz (die Folge) und *Subjuntivo* Imperfekt im Nebensatz (die Bedingung mit **si** *[wenn]*).

Si pudiera, lo haría.
Wenn ich könnte, würde ich es tun.
~~Si podría, lo haría.~~

Si puedo
Wenn ich kann

~~* Si pueda~~

Beim realen Konditionalsatz verwendet man im **Si**-Satz den Präsens Indikativ, keinen *Subjuntivo*!

Si podemos, os avisaremos.
Wenn wir können, werden wir euch Bescheid geben.
~~Si podamos, os avisaremos.~~

dijo que no había
Er/sie sagte, es gibt/gäbe keine

~~* **dijo que no hay/haya**~~

Steht in der indirekten Rede das redeeinleitende Verb im Imperfekt, *Indefinido* oder Plusquamperfekt, dann ändern sich einige Zeiten der Aussage, z. B. wird **"no hay"** mit dem Imperfekt wiedergegeben, wie im Beispiel.

Maribel nos dijo que no había otra solución.
Maribel sagte, es gäbe keine andere Lösung.
~~Maribel nos dijo que no **hay/haya** otra solución.~~

Dice que vaya.
Er/Sie sagt, ich soll kommen.

~~**Dice que debo ir.**~~

In der indirekten Rede folgt der *Subjuntivo*, wenn es sich um Aufforderungen (d. h. Wünsche) handelt.

Alejandro me ha pedido que le ayude.
Alejandro hat mich darum gebeten, dass ich ihm helfe.
~~Alejandro me ha pedido que le **debo ayudar**.~~

1. Antes los niños no ______ tantos dulces. ❍ A comieron ❍ B comían
2. Elige cualquier país: iremos adonde tú ______. ❍ A quieras ❍ B quieres
3. ¡Qué interesante! Eso no lo ______. ❍ A supe ❍ B sabía
4. Pienso que vosotros ______ razón. ❍ A tengáis ❍ B tenéis

Lösungen
1. B, 2. A, 3. B, 4. B

FEHLER NACH GRAMMATIKTHEMEN

28. Besondere Verben

tener
haben

~~**haber**~~

Haber wird als Hauptverb im Spanischen nur in der Sonderform **hay** verwendet und bedeutet *es gibt*, oder als Hilfsverb in den zusammengesetzten Zeiten wie dem Perfekt, z.B. **he tenido** *(ich habe gehabt). Haben* im Sinne von Beziehung oder Besitz heißt **tener**.

Tengo un hermano que tiene un coche deportivo.
Ich habe einen Bruder, der einen Sportwagen hat.
~~**He** un hermano que **ha** un coche deportivo.~~

hay
es gibt, (da) ist

~~**es**~~

Kilian: ¡Qué pena, ya no es cerveza!
Marc: Pues qué, ¿se ha convertido en leche?

Kilian wollte zum Ausdruck bringen, dass kein Bier mehr da ist. Marc hat aber etwas ganz anderes verstanden! Mit **hay** werden Ortsangaben von unbestimmten Sachen oder Personen gemacht. **Ser** hingegen dient zum Definieren.

En el maletero hay una caja.
Im Kofferraum ist/liegt eine Kiste.

Es una caja de cerveza.
Es ist eine Bierkiste.

hay
es gibt, (da) ist/sind

~~**está**~~

Está dient zur Ortsangabe von bestimmten Sachen oder Personen, **hay** benutzt man bei unbestimmten Sachen oder Personen.

En el parque hay muchos niños.
Im Park sind viele Kinder.
~~En el parque **están** muchos niños.~~

soy estudiante
ich bin Student/in

~~*** estoy estudiante**~~

Eine Beschäftigung oder Aufgabe, die eine Person definiert bzw. einer Gruppe zuordnet, wird mit **ser** angegeben, egal, ob sie dauerhaft ist oder nicht.

El señor Solís es mi sustituto provisional.
Herr Solís ist mein vorübergehender Stellvertreter.
~~El señor Solís **está** mi sustituto provisional.~~

es famoso
er/sie/es ist berühmt

~~*** está famoso**~~

Definitorische Eigenschaften werden mit **ser** angegeben: Entweder ist man berühmt oder nicht.

Ese bar es muy famoso.
Diese Bar ist sehr berühmt.
~~Ese bar **está** muy famoso.~~

está rico
es ist lecker

~~**es rico**~~

Bei der Bewertung einer Speise oder eines Getränkes, die man tatsächlich zu sich nimmt, verwendet man grundsätzlich **estar**. Mit **ser** wird das Gericht bzw. das Getränk per se beschrieben (z. B. das Rezept dessen), nicht das, was man vor sich hat.

¡Qué rico está el postre que has hecho!
Das Dessert, das du gemacht hast, ist super lecker!
~~¡Qué rico **es** el postre que has hecho!~~

es necesario
es ist notwendig

~~* está necesario, * es necesito~~

Ser + Adjektiv bildet viele unpersönliche Wendungen, nach denen ein Infinitiv oder ein Nebensatz steht, z. B. im Zusammenhang mit **fácil/difícil** *(leicht/schwer)*, **bueno/malo** *(gut/schlecht)*, **(im)posible** *([un]möglich)*, **(im)probable** *([un] wahrscheinlich)* usw. Übrigens, *notwendig* heißt **necesario**, nicht **necesito**.

Es necesario enviar un currículum.
Es ist notwendig, einen Lebenslauf zu schicken.
~~Está necesario/Es necesito enviar un currículum.~~

está bien
es ist gut

~~* es bien, * está buen~~

Estar wird nur mit **bien** kombiniert; **ser** mit **buen/o/a** (siehe Kapitel 21). Als Bewertung für Sachen bedeutet **estar bien** eher *ok, akzeptabel.*

La cena estuvo bien, aunque no excelente.
Das Essen war ok, wenn auch nicht hervorragend.
~~La cena estuvo buen/fue bien, aunque no excelente.~~

estar prohibido
verboten sein

~~* ser prohibido~~

Beinhaltet die Bedeutung eines Adjektives einen Kontrast bzw. einen Vergleich (im Beispiel **prohibido** – **permitido** *[verboten – erlaubt])*, verwendet man **estar**.

Aquí está prohibido aparcar.
Das Parken ist hier verboten.
~~Aquí es prohibido aparcar.~~

Es bueno saberlo

Hier ein paar Adjektive, deren Bedeutung einen Kontrast beinhaltet und die deshalb mit **estar** verwendet werden: **lleno/-a** *(voll)* – **vacío/-a** *(leer)*; **sano/-a** *(gesund)* – **enfermo/-a** *(krank)*, **solo/-a** *(allein)* – **acompañado/-a** *(in Begleitung)*, **vivo/-a** *(lebend)* – **muerto/-a** *(tot)*.

estar contento
glücklich/ zufrieden sein

~~* ser contento~~

Contento *(glücklich, zufrieden)* wird nur mit **estar** verwendet.

Charo siempre está contenta.
Charo ist immer glücklich/zufrieden.
~~Charo siempre es contenta.~~

estar de vacaciones
in Urlaub sein

~~* ser de vacaciones~~

Estar steht bei vielen festen Ausdrücken, die Zustände beschreiben, z. B. **de vacaciones** *(im Urlaub)*, **de viaje** *(auf Reisen)*, **a favor** *(dafür)*, **de acuerdo** *(einverstanden)* oder **de buen/mal humor** *(gut /schlecht gelaunt)* u. a.

Solo estamos de paso.
Wir sind nur auf der Durchreise.
~~Solo somos de paso.~~

estar aburrido/-a
gelangweilt sein, einem langweilig sein

~~ser aburrido/-a~~

Manche Adjektive haben eine unterschiedliche Bedeutung je nachdem, ob sie mit **ser** oder **estar** verwendet werden. **Ser aburrido/-a** heißt *langweilig sein*, **estar aburrido/-a** hingegen *gelangweilt sein* bzw. *einem langweilig sein*.

Ya no quiero estar en casa, estoy aburrida.
Ich will nicht mehr zu Hause sein, mir ist langweilig.
~~Ya no quiero estar en casa, soy aburrida.~~

Es bueno saberlo

Einige weitere Beispiele hierzu sind: **bueno/-a** mit **ser** *gut/ gutmütig*, mit **estar** *gesund*; **atento/-a** mit **ser** *höflich*, mit **estar** *aufmerksam*; **cansado/-a** mit **ser** *ermüdend*, mit **estar** *müde*, **listo/-a** mit **ser** *schlau/klug*, mit **estar** *bereit/fertig*, **vivo/-a** mit **ser** *lebhaft*, mit **estar** *lebendig*.

1. ______ una buena idea. — ❍ A He ❍ B Tengo

2. No nos gusta esa clase, ______ muy aburrida. — ❍ A es ❍ B está

3. Lo que has dicho no ______ bien. — ❍ A es ❍ B está

4. En este edificio ______ diez pisos de alquiler. — ❍ A están ❍ B hay

5. ______ imposible ir a la playa con esta lluvia. — ❍ A Es ❍ B Está

6. Toma, aquí ______ una hoja de papel para ti. — ❍ A es ❍ B hay

7. ¿No conoces a Raquel? ______ estudiante de música. — ❍ A Es ❍ B Está

8. Este es el mejor flan que he comido. ¡ ______ delicioso! — ❍ A Es ❍ B Está

9. ______ prohibido tirar basura. — ❍ A Es ❍ B Está

10. Señores, ¿ ______ todos de acuerdo? — ❍ A somos ❍ B estamos

11. Este documento ______ muy urgente. — ❍ A es ❍ B está

12. Si tú ______ contenta, yo también. — ❍ A eres ❍ B estás

Lösungen
1. B, 2. A, 3. B, 4. B, 5. A, 6. B, 7. A,
8. B, 9. B, 10. B, 11. A, 12. B

FEHLER NACH GRAMMATIKTHEMEN

29. Verneinung

no es...
(er/sie/es) ist nicht ...

~~*es no...~~

No *(nicht)* steht vor dem konjugierten Verb.

El señor Díaz no es el jefe.
Herr Díaz ist nicht der Vorgesetzte.
~~El señor Díaz **es no** el jefe.~~

No me lo dijo.
Er/sie hat es mir nicht gesagt.

~~*Me no lo dijo.~~

No *(nicht)* steht vor den Objekt- oder Reflexivpronomen (siehe Kap. 24).

La ropa no se la he lavado.
Die Wäsche habe ich Ihnen noch nicht gewaschen.
~~La ropa **se no la** he lavado.~~

algún amigo
(irgend)ein Freund

~~*alguno amigo~~

Vor männlichen Substantiven im Singular verlieren **alguno** *([irgend]ein)* und **ninguno** *(kein)* das **-o**.

Puedes invitar a algún amigo.
Du kannst [irgend]einen Freund einladen.
~~Puedes invitar a **alguno amigo**.~~

ningún problema
kein Problem

~~*no problemo, *no problema~~

Vorsicht vor diesem falschen Ausdruck, der durch bekannte US-amerikanische Filme in aller Munde ist! **Problema** ist männlich! (Siehe Kapitel 21).

¡Ningún problema! No os preocupéis.
Kein Problem! Macht euch keine Sorgen.
~~**No problemo/problema**, no os preocupéis.~~

(no...) ni
und nicht

~~**(no...) y no**~~

Verneinte Elemente zählt man auf Spanisch mit **ni** oder mit **no … ni** auf.

Mi vecino no/ni estudia ni trabaja.
Mein Nachbar studiert nicht und arbeitet nicht.
~~Mi vecino **no estudia y no** trabaja.~~

tampoco
auch nicht/ auch kein

~~*** no … también**~~

Im Spanischen gibt es ein Wort für *auch* und ein separates Wort für *auch nicht.*

Yo no tengo ganas tampoco.
Ich habe auch keine Lust.
~~**No** tengo ganas **también**.~~

todavía no
noch nicht

~~**ya no**~~

Michael: Ya no me ducho.
Sandra: Hombre, ¡qué horror! Así ya no querré salir contigo.

Wieso ist Sandra so entsetzt über Michaels Aussage? Er hat durchaus die Absicht, zu duschen, hat aber **todavía no** *(noch nicht)* mit **ya no** *(nicht mehr)* verwechselt!

- ¿Todavía vives en el pueblo?	**– No, ya no.**
- Wohnst du noch im Dorf?	*– Nein, nicht mehr.*
- ¿Ya tienes trabajo?	**– No, todavía no.**
- Hast du schon einen Job?	*– Nein, noch nicht.*

BLITZQUIZ
- ¿Podéis lavar los platos, por favor?
- Por supuesto, ¡______!

❍ A no problemo
❍ B ningún problema

No hace nada.
(Er/Sie/Es) macht nichts.

~~* Hace nada.~~

Im Spanischen hat man oft mehr als ein Verneinungselement im Satz. Normalerweise steht dabei **no** vor dem Verb und die weiteren Verneinungselemente stehen danach.

Este niño es terrible, no come casi nada.
Dieses Kind ist furchtbar, es isst fast nichts.
~~Este niño es terrible, come casi nada.~~

Es bueno saberlo

Verneinungselemente sind u. a. **nada** *(nichts)*, **nadie** *(niemand)*, **ninguno/a** *(keine/r)*, **nunca/jamás** *(nie[mals])*, **ni** *(und nicht, auch kein)*, **ni … ni** *(weder… noch)* und **tampoco** *(auch nicht)*.

No oímos a nadie.
Wir haben niemanden gehört.

~~* No oímos nadie.~~

Wird **nadie** (niemand) als direktes Objekt verwendet, dann steht die Präposition **a** davor, da es für eine (nicht anwesende bzw. nicht vorhandene) Person steht (siehe Kapitel 25).

¿No has conocido a nadie por la red?
Hast du niemanden übers Internet kennen gelernt?
~~¿No has conocido nadie por la red?~~

No hay nada en el cine.
Es gibt nichts im Kino.

~~*No hay algo en el cine.~~

Stehen **no** oder **sin** *(ohne)* vor dem Verb, dann können algo *(etwas)*, **alguno/a** *(irgendein/e)*, **alguien** *(jemand)* oder **también** *(auch)* nicht verwendet werden, sondern ihre negativen Entsprechungen **nada** *(nichts)*, **nadie** *(niemand)*, **ninguno/a** *(keine/n)* und **tampoco** *(auch nicht)*.

Es bueno dar sin esperar nada.
Es ist gut zu geben, ohne etwas zu erwarten.
~~Es bueno dar sin esperar algo.~~

Lösung Blitzquiz
B

No quiero hablar con nadie tampoco.
Ich möchte auch mit keinem reden.

~~* No quiero hablar con alguien/nadie también.~~

Bei mehrfachen Verneinungselementen ist die Übersetzung im Deutschen anders.

Aquí no hay nunca nada interesante.
Hier gibt es niemals etwas Interessantes.
~~Aquí no hay **nunca algo** interesante.~~

Aquí nunca nieva.
Hier schneit es nie.

~~* Aquí nunca no nieva.~~

Nada *(nichts)*, **nadie** *(niemand)*, **ninguno/a** *(keine/r)*, **nunca /jamás** *(nie[mals])*, **ni** *(und nicht, auch kein)*, oder **tampoco** *(auch nicht)* können das **no** vor dem Verb ersetzen.

Pía es muy pesimista, nada la hace feliz.
Pía ist sehr pessimistisch, nichts macht sie glücklich.
~~Pía es muy pesimista, **nada no** la hace feliz.~~

Pequeño detalle

Wird **alguno/a** dem Substantiv nachgestellt, erhält es eine negative Bedeutung: **No hay ningún problema.** = **No hay problema alguno.** *(Es gibt kein Problem.)*

1. No te podemos prestar dinero porque ______ tenemos.
   - ❍ A tampoco
   - ❍ B también no
2. Tengo mucha hambre porque ______ he desayunado.
   - ❍ A ya no
   - ❍ B todavía no
3. Para Dolores el dinero ______ lo más importante.
   - ❍ A no es
   - ❍ B es no

Lösungen
1. A, 2. B, 3. A

FEHLER NACH GRAMMATIKTHEMEN

30. Konjunktionen

e/u
und/oder

~~y/o~~

Vor Wörtern, die mit **i**- oder **hi**- beginnen, heißt *und* nicht **y**, sondern **e**. Parallel dazu: Vor Wörtern, die mit **o**- oder **ho**- beginnen, heißt *oder* nicht **o**, sondern **u**.

Los niños, Fabián e Ignacio, tendrán ahora siete u ocho años.
Die Kinder, Fabián und Ignacio, sind heute wohl sieben oder acht Jahre alt.
~~Los niños, Fabián y Ignacio, tendrán ahora siete o ocho años.~~

pero
aber

~~perro~~

Leonie: Perro, ¿me has llamado tú?
Santi: Huy, ¿y por qué estás enfadada conmigo?

Santi ist natürlich eingeschnappt, weil Leonie ihn *Hund* nennt! Dabei wollte sie beim Wort *aber* (**pero**) nur das spanische **r** richtig rollen!

Trabajo mucho, pero gano poco.
Ich arbeite viel, aber verdiene wenig.

Me gustaría tener un perro.
Ich hätte gerne einen Hund.

Es bueno saberlo

Das spanische **r** wird gerollt. Dabei berührt die Zunge leicht die hintere Seite der oberen Schneidezähne, und zwar dort, wo das deutsche **d** entsteht. Wenn Sie **grande** *(groß)* als [gdande] aussprechen und das **d** fast fallen lassen, klappt es mit der Zeit wahrscheinlich. Das **rr** wird stärker gerrrollt!

sino
sondern

~~**pero**~~

Wenn der erste Teil des Satzes eine Verneinung enthält, der im zweiten Teil widersprochen wird, verwendet man nicht **pero** *(aber)*, sondern **sino** *(sondern)*.

Hugo no es arrogante, sino reservado.
Hugo ist nicht arrogant, sondern zurückhaltend.
~~Hugo no es arrogante, **pero** reservado.~~

¡Ojo!

Folgt ein Verb, dann heißt *aber/sondern* **sino que**, z. B. **Hoy no hace frío, sino que el tiempo está espléndido para pasear.** *(Heute ist es nicht kalt, sondern das Wetter ist herrlich für einen Spaziergang).*

porque
weil

~~**por qué**~~

Porque *(weil, da)* ist die Antwort auf die Frage **¿por qué?** *(warum)*. Dabei muss man darauf achten, dass sowohl die Schreibweise als auch die Betonung unterschiedlich sind.

¿Por qué no lo compro? Pues porque es muy caro.
Warum ich das nicht kaufe? Nun, weil es sehr teuer ist.
~~¿Por qué no lo compro? Pues **por qué** es muy caro.~~

porque
weil

~~**pero**~~

Manche Spanischlerner/innen verwechseln diese zwei Konjunktionen und verursachen etwas Unsicherheit darüber, was sie wohl meinen.

No puedo comer eso porque soy alérgico.
Ich kann das nicht essen, weil ich allergisch bin.
~~No puedo comer eso **pero** soy alérgico.~~

si ~~cuando~~

wenn

Manfred:	Voy al centro cuando tengo tiempo.
Leti:	¿Y vas con frecuencia?
Manfred:	No, quiero decir hoy, después del trabajo.

Si ist *wenn* als Bedingung, **cuando** ist *wenn* als Zeitangabe. Im Englischen ist es genauso: **si** entspricht dem englischen *if*; **cuando** dem englischen *when*.

Si llegas tarde, avisa por favor.
Wenn du dich verspätest, sag bitte Bescheid.

Cuando llega tarde, mi hijo siempre avisa.
(Immer) wenn mein Sohn sich verspätet, sagt er Bescheid.

		A	B
1.	Hoy hay muchas mujeres expertas en técnica ______ informática.	❍ A y	❍ B e
2.	No tengo un problema, ______ muchos.	❍ A sino	❍ B pero
3.	Me lo tienes que dar ______ me lo prometiste.	❍ A porque	❍ B por qué
4.	______ no podéis ir el sábado, me lo decís.	❍ A Si	❍ B Cuando
5.	¿Necesitamos una campaña de marketing ______ otras medidas para aumentar las ventas?	❍ A o	❍ B u

Lösungen
1. B, 2. A, 3. A, 4. A, 5. B

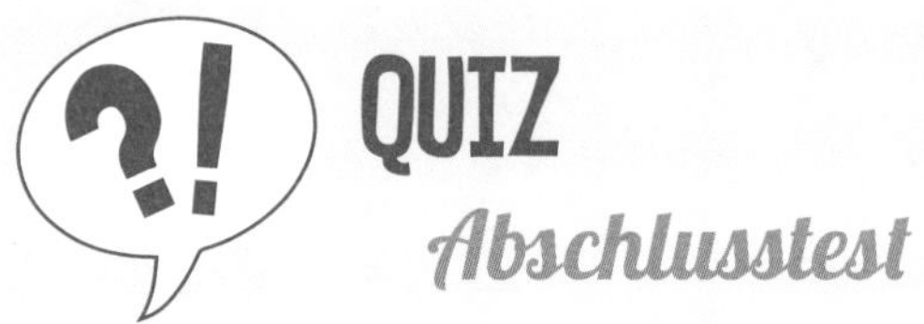

Im Abschlusstest können Sie prüfen, ob Sie alles schon verinnerlicht haben. Bei den Lösungen sind die Kapitelnummern in Klammern angegeben, damit Sie noch schnell nachschlagen können, falls nötig. Viel Spaß und Erfolg!

1.	A Montserrat todo le ha salido bien, ______ muy contenta.	❍ A es	❍ B está
2.	Estos meses han sido agotadores. Ya necesito unas ______.	❍ A ferias	❍ B vacaciones
3.	Hoy hay rebajas del treinta por ______.	❍ A ciento	❍ B cientos
4.	Si no te pones la bufanda, no te quejes si luego tienes ______ de garganta.	❍ A dolores	❍ B dolor
5.	Me suscribí a una aplicación ______ estudiar español.	❍ A para	❍ B por
6.	Mi hermana es dos años menor que yo, yo soy el ______.	❍ A mayor	❍ B mejor
7.	Puedes dejar tu paraguas al lado ______.	❍ A del puerto	❍ B de la puerta
8.	¿Cuánto habéis pagado ______ el piso?	❍ A para	❍ B por
9.	¿Ya has terminado, tan pronto? ¡______ parece muy bien!	❍ A Eso me	❍ B Lo me
10.	Francisca cocina realmente ______.	❍ A bien	❍ B buen

Lösungen

1. B (18, 28), 2. B (4), 3. A (20), 4. B (9), 5. A (25), 6. A (2), 7. B (10), 8. B (16), 9. A (5), 10. A (22)

11. Hoy la mayoría de las zapatillas ______ se fabrican de materiales sintéticos. ❍ A depor-tistas ❍ B depor-tivas

12. Estamos buscando a una persona que nos ______ en este proceso. ❍ A apoya ❍ B apoye

13. Como el cumpleaños de mi hijo es en febrero, le voy a hacer una fiesta de ______. ❍ A disfraces ❍ B costum-bres

14. En el invierno solemos esquiar en las ______. ❍ A montanas ❍ B montañas

15. Todos los documentos se ______ al alemán. ❍ A tradu-jeron ❍ B tradu-jieron

16. ¿Qué haces ______ los fines de semana? ❍ A normala-mente ❍ B normal-mente

17. ¿Quién es ______ Ayala? ❍ A señor ❍ B el señor

18. ______ coche de mis padres es azul. ❍ A El ❍ B La

19. Te aseguro que no tengo menos trabajo ______ tú. ❍ A como ❍ B que

20. Dígame por favor su ______ de nacimiento. ❍ A dato ❍ B fecha

21. Chicos, poned todo en vuestra ______. ❍ A mapa ❍ B carpeta

22. No hemos podido hablar con ______ sobre este asunto. ❍ A alguien ❍ B nadie

23. Parece que nunca va a ______ de nevar. ❍ A dejar ❍ B terminar

Lösungen

11. B (8), 12. B (27), 13. A (6), 14. B (11), 15. A (26), 16. B (22), 17. B (1, 21), 18. A (12), 19. B (23), 20. B (15), 21. B (3), 22. B (29), 23. A

	A	B
24. Seguramente ______ viaje será una maravilla.	❍ A la	❍ B el
25. Pablo echaba de menos a su familia y por eso quería ______ pronto a casa.	❍ A volver	❍ B revenir
26. Hoy te voy a llamar ______ todavía me da tiempo, ¿vale?	❍ A cuando	❍ B si
27. En ______ de Luisito hay varios compañeros de otros países.	❍ A el grupo	❍ B la grupa
28. Muchas escuelas de idiomas ofrecen cursos ______ Internet.	❍ A por	❍ B sobre
29. -¿Qué tal el examen? -Pues ______ fue muy difícil.	❍ A –	❍ B lo
30. ¡Sevilla es ______ ciudad increíble!	❍ A un	❍ B una
31. Realmente le recomiendo esa ______, porque recibirá intereses muy altos.	❍ A inversión	❍ B investi-ción
32. ¿Cómo se llama el bar ______ la playa?	❍ A en	❍ B de
33. El ______ ya está en la mesa, ahora le voy a poner las velas.	❍ A gato	❍ B pastel
34. Anoche ______ en la discoteca, por eso hoy estoy fatal.	❍ A estuve	❍ B estuvo
35. Lidia no ayuda en casa, solo ______ todo el día mirando series en la tele.	❍ A está sentada	❍ B se sienta
36. Tienes que ______ que esta es una situación muy complicada.	❍ A darte cuenta de	❍ B realizar

Lösungen

24. B (21), 25. A (12), 26. B (30), 27. A (3), 28. A (17), 29. A (24), 30. B (11), 31. A (16), 32. B (25), 33. B (7), 34. A (26), 35. A (13), 36. A (19)

37. ¿______ la música popular? ❍ A Quieres ❍ B Te gusta

38. Como ______ mucho, no pudimos hacer la fiesta en el jardín. ❍ A llovió ❍ B hizo lluvia

39. Los fines de semana quiero poder ______ para la oficina. ❍ A hacer nada ❍ B no hacer nada

40. No hay luz ______ las cuatro. ❍ A desde ❍ B desde hace

41. Luis no se parece a sus ______. Tanto su madre como su padre son muy diferentes de él. ❍ A parientes ❍ B padres

42. ¿Recuerdas a las chicas que conocí en la playa? Las he vuelto a ver. ¡Son muy ______! ❍ A simpático ❍ B simpáticas

43. Claro que Javier puede llevarnos, ha pasado su examen y ya ______ conducir muy bien. ❍ A sabe ❍ B puede

44. – ¿Ya has puesto el ______ en el horno? ❍ A pescado ❍ B pez

45. La playa está a ______ de aquí. ❍ A tres y medio kilómetros ❍ B tres kilómetros y medio

46. Mi madre tiene cincuenta años, pero se ve muy juvenil y casi no tiene ______. ❍ A canas ❍ B pelo blanco

47. ______ abrazar y besar. ❍ A Quiero te ❍ B Te quiero

48. Con mucho gusto responderé sus ______ después de mi presentación. ❍ A cuestiones ❍ B preguntas

Lösungen

37. B (5), 38. A (14), 39. B (29), 40. A (15), 41. B (2), 42. B (21), 43. A (19), 44. A (7), 45. B (20), 46. A (9), 47. B (24), 48. B (17)